Curso

La diferencia entre aprobar
y sacar plaza

Auxiliar Administrativo/a

AYUNTAMIENTO DE ALCALÁ DE HENARES

Si aún no dispones de tu **Curso MAD360**, te ofrecemos un acceso GRATIS de 30 días para que disfrutes de los siguientes recursos:

AF173906

- Técnicas de Memoria 360.
- MADTEST: Test *online* Nivel PRO.
- Temario en formato digital.
- Vídeos.
- Esquemas.
- Planificación de estudio.
- Foro entre opositores hasta la fecha del examen.*
- Recursos y novedades exclusivas.
- Consúltanos sobre tu oposición y proceso selectivo.
- Actualizaciones legislativas (Boletines Oficiales) hasta 60 días antes de la fecha del examen.*

Para acceder a esta prueba del Curso MAD360** será necesaria la compra de todos los libros para esta especialidad de la edición 2026.

Regístrate en **mad.es/iniciar-sesion** y, en la pestaña **MIS CURSOS**, valida los códigos que encontrarás en la última página de tus libros. Recuerda que dispones de un plazo de **45 días desde la fecha de compra** para realizar la validación. Si no verificas tu matrícula, el periodo de uso del curso comenzará a contar aunque no hayas accedido.

NOTA IMPORTANTE:

* Examen de esta categoría profesional correspondiente a la convocatoria publicada en el BOE núm. 29, de 2 de febrero de 2026, o hasta el 31 de marzo de 2027, lo que se cumpla antes, y previa renovación del servicio.

** El acceso al CURSO MAD360 estará disponible desde marzo de 2026 (algunos recursos podrían estar disponibles en fecha posterior). Tendrá una duración de 30 días RENOVABLES mediante pago, desde la validación de códigos, o hasta el 30 de septiembre de 2027, lo que se cumpla antes.

MAD se reserva el derecho a ampliar dichas fechas.

Auxiliar Administrativo/a del Ayuntamiento de Alcalá de Henares

Marzo 2026

Auxiliar Administrativo/a del Ayuntamiento de Alcalá de Henares

Test del temario

Autores

TERESA MARÍA TORRES FONSECA
Licenciada en Derecho

ELENA GARCÍA FERNÁNDEZ
Licenciada en Derecho

CARLOS TOJEIRO ALCALÁ
Ingeniero Informático
Titulado MCP de Microsoft

© 7 Editores Recursos para la Cualificación Profesional y el Empleo, S.L. (7 Editores)
© Los autores
Primera edición, marzo 2026 (270 páginas)
Derechos de edición reservados a favor de 7 Editores
IMPRESO EN ESPAÑA
Diseño Portada: 7 Editores
Edita: 7 Editores
Avda. San Francisco Javier, 9 · Edificio Sevilla 2 · Planta 11 · Módulos 25-27 · 41018 Sevilla
Teléfono: 954 784 411 · WEB: www.mad.es · e-mail: administracion@7editores.com
ISBN: 979-13-702-8647-7

Índice

MATERIAS COMUNES

TEST N.º 1

La Constitución Española de 1978: estructura y contenido. Derechos y deberes fundamentales. Sus garantías. La Corona

1. ¿En qué se fundamenta la Constitución Española?

a) En un Estado social y democrático de Derecho.
b) En la indisoluble unidad de la Nación española.
c) En la independencia de los poderes del Estado.
d) En la organización territorial del Estado.

2. Según el artículo 3 de la CE, el castellano es la lengua oficial del Estado y todos los españoles:

a) Tienen el deber de usar y el derecho de conocer el castellano.
b) Tienen el derecho y el deber de conocer el castellano.
c) Tienen el deber de conocer y el derecho de usar el castellano.
d) Tienen el derecho de conocer y usar el castellano.

3. La Constitución Española reconoce y garantiza el derecho a la autonomía:

a) De las nacionalidades que la integran.
b) De las regiones que la integran.
c) De las Comunidades Autónomas que la integran.
d) De las nacionalidades y regiones que la integran.

4. El Preámbulo de la Constitución:

a) Tiene en sí carácter de norma jurídica.
b) Es una declaración de intenciones, destinada a interpretar lo que se quiere alcanzar con el contenido normativo de la Constitución.
c) Se trata de un texto sin fuerza jurídica de obligar.
d) Las respuestas b) y c) son correctas.

5. Señala la respuesta correcta, respecto de la aprobación, ratificación y publicación de la Constitución Española:

a) Aprobada por las Cortes el 31 de octubre de 1978, ratificada por el pueblo en referéndum el 6 de diciembre de 1978 y publicada el 29 de diciembre de 1978.
b) Aprobada por las Cortes el 30 de octubre de 1978, ratificada por el pueblo en referéndum el 16 de diciembre de 1978 y publicada el 27 de diciembre de 1978.
c) Aprobada por las Cortes el 31 de octubre de 1978, ratificada por el pueblo en referéndum el 16 de diciembre de 1978 y publicada el 29 de diciembre de 1978.
d) Aprobada por las Cortes el 10 de octubre de 1978, ratificada por el pueblo en referéndum el 26 de diciembre de 1978 y publicada el 30 de diciembre de 1978.

6. ¿En qué parte de la Carta Magna se establece la exposición de motivos que impulsan la norma constitucional y los objetivos que con ella se pretenden alcanzar?

a) En el Título Preliminar.
b) En el Preámbulo.
c) En el Título I.
d) En el Título II.

7. La Constitución Española fue sancionada por:

a) El Rey.
b) El Presidente del Congreso.
c) Las Cortes Generales.
d) El Presidente del Gobierno.

8. ¿Cuáles de los siguientes españoles de origen pueden ser privados de su nacionalidad?

a) Exclusivamente los miembros de grupos terroristas.
b) Los miembros de grupos terroristas y los que atenten contra el Rey u otro miembro de la Casa Real.
c) Los que atenten contra un miembro de la Familia Real o del Gobierno de la Nación.
d) Ningún español de origen podrá ser privado de su nacionalidad.

9. Según la CE son fundamentos del orden político y la paz social:

a) La dignidad de la persona, los derechos violables que les son inherentes y el respeto a la ley.
b) La dignidad de la persona, el desarrollo limitado de la personalidad y el respeto a la ley.
c) El respeto a la ley, a los reglamentos administrativos y demás disposiciones legales.
d) La dignidad de la persona, los derechos inviolables que le son inherentes, el libre desarrollo de su personalidad, el respeto a la ley y a los derechos de los demás.

10. ¿Cuál de los siguientes es considerado por la CE como uno de los valores superiores del ordenamiento jurídico?

a) La jerarquía normativa.
b) El pluralismo político.
c) La publicidad normativa.
d) La equidad.

11. La forma política del Estado español es:

a) Democracia parlamentaria.
b) Gobierno parlamentario.
c) Monarquía parlamentaria.
d) República democrática.

12. La parte de la CE que regula la estructura de los principales órganos del Estado recibe el nombre de:

a) Parte dogmática.
b) Parte orgánica.
c) Parte estatal.
d) Parte estructural.

13. Según la CE, la soberanía nacional:

a) Corresponde a las Cortes Generales, al estar compuestas por los representantes del pueblo.
b) Corresponde al Rey.
c) Reside en el pueblo español.
d) Corresponde al Gobierno de la Nación elegido directamente por el pueblo.

14. ¿En qué parte de la Carta Magna se señalan los valores superiores del ordenamiento jurídico?

a) En el Preámbulo.
b) En el Título Preliminar.
c) En el Título I.
d) Ninguna respuesta es correcta.

15. ¿Cuál de las siguientes es una de las características de nuestra Constitución de 1978?

a) Consensuada.
b) Corta.
c) Conservadora.
d) Originalidad.

16. Son el fundamento del orden político y de la paz social:

a) El libre desarrollo de la personalidad.
b) Los derechos inviolables que les son inherentes.
c) El respeto a la ley y a los derechos de los demás.
d) Todas las respuestas son correctas.

17. ¿Qué quedará excluido de extradición?

a) Los delitos criminales.
b) Los delitos políticos.
c) Los actos de terrorismo.
d) Ninguno.

18. ¿Qué debe ser democrático, a tenor de lo dispuesto en la Constitución Española, en los sindicatos de trabajadores y las asociaciones empresariales?

a) Su funcionamiento.
b) Su estructura interna.
c) Su funcionamiento y estructura interna.
d) Sus órganos asamblearios.

19. ¿De cuántos Capítulos consta el Título I de la CE de 1978?

a) De tres.
b) De cinco.
c) De dos.
d) De cuatro.

20. El principio en virtud del cual un Reglamento no puede contradecir una ley es el de:

a) Legalidad.
b) Jerarquía normativa.
c) Las respuestas a) y b) son correctas.
d) Seguridad jurídica.

21. Según la Constitución, una norma que imponga una nueva pena más leve para un delito:

a) No se aplica retroactivamente.
b) Puede aplicarse retroactivamente.
c) Ha de ser reglamentaria.
d) Atenta contra el principio de legalidad penal si se aplica retroactivamente.

22. Todos los españoles, respecto al castellano, tienen el:

a) Derecho-deber de conocerlo.
b) Derecho de usar y deber de conocerlo.
c) Derecho-deber de usarlo.
d) Nada de lo anterior.

23. La capital del Estado en España es:

a) La propia de cada Comunidad Autónoma.
b) La villa de Madrid.
c) Aquella donde se establezca en cada momento el Gobierno de la Nación.
d) Aquella en la que resida generalmente el Rey.

24. El Título de la Constitución que trata de la reforma constitucional es el:

a) Primero.
b) Décimo.
c) Noveno.
d) Undécimo.

25. Los principios rectores de la política social y económica se regulan en el siguiente Capítulo y Título de la Constitución:

a) Segundo del Primero.
b) Tercero del Primero.
c) Tercero del Preliminar.
d) Primero del Séptimo.

26. La justicia, según nuestra Constitución, es un/una:

a) Principio de nuestro ordenamiento jurídico.
b) Valor superior del anterior.
c) Manifestación del Estado democrático.
d) Todo lo anterior.

27. Un español de origen puede perder esta nacionalidad:

a) Por sanción administrativa.
b) Cuando libremente renuncie a la misma.
c) Por condena penal.
d) En ningún caso.

28. Constituye el fundamento del orden público y de la paz social, según la Constitución, el/la/los:

a) Derechos inviolables inherentes a la persona.
b) Estado social y democrático de Derecho.
c) Seguridad jurídica.
d) Justicia.

29. Las Comunidades Autónomas deben usar o instalar la bandera española:

a) En sus edificios.
b) En los actos oficiales.
c) Cuando lo solicite el Delegado del Gobierno de la Nación en las mismas.
d) Cuando lo estimen oportuno.

30. Deben tener una estructura interna y un funcionamiento democrático los/las:

a) Partidos Políticos.
b) Colegios Profesionales.
c) Organizaciones Profesionales.
d) Todos ellos.

31. La defensa de la integridad territorial de España se atribuye por la Constitución a/al/a las:

a) Fuerzas y Cuerpos de Seguridad.
b) Fuerzas Armadas.
c) Gobierno de la Nación.
d) Todas las anteriores.

32. El Título de la Constitución que trata de las relaciones entre el Gobierno y las Cortes Generales es el:

a) Cuarto.
b) Quinto.
c) Sexto.
d) Tercero.

33. La Constitución entró en vigor:

a) Al día siguiente de su publicación en el Boletín Oficial del Estado.
b) El 27 de diciembre de 1978.
c) El 29 de diciembre de 1978.
d) Al ser aprobada en la sesión conjunta por el Congreso de los Diputados y el Senado.

34. ¿En qué fecha aprobaron las Cortes Generales la Constitución Española?

a) El 31 de octubre de 1978.
b) El 6 de diciembre de 1978.
c) El 27 de diciembre de 1978.
d) El 29 de diciembre de 1978.

35. ¿Cuál de las siguientes no es una característica de la Carta Magna?

a) Su rigidez.
b) El establecimiento, como forma política del Estado, de la monarquía hereditaria.
c) Su codificación en un solo texto.
d) Su extensión.

36. ¿De cuántos artículos consta la Constitución Española de 1978?

a) De 154.
b) De 163.
c) De 169.
d) De 171.

37. ¿Cuál de los siguientes no es uno de los valores superiores de nuestro ordenamiento jurídico?

a) El pluralismo político.
b) La solidaridad.
c) La libertad.
d) La igualdad.

38. A tenor del artículo 11 de la Constitución, los españoles de origen podrán ser privados de su nacionalidad:

a) Cuando así lo determinen las leyes.
b) Cuando entren al servicio de las armas de un país extranjero.
c) Cuando así lo apruebe el Consejo de Ministros.
d) En ningún caso un español de origen podrá ser privado de su nacionalidad.

39. Las Cortes Generales, ¿en qué Título de nuestra Constitución se recogen?

a) En el Título II.
b) En el Título III.
c) En el Título IV.
d) En el Título VI.

40. Según la Disposición Final de nuestra Constitución, esta entrará en vigor:

a) Al día siguiente de su publicación en el Boletín Oficial del Estado.
b) A los veinte días de la publicación de su texto oficial en el Boletín Oficial del Estado.
c) El mismo día de la publicación de su texto oficial en el Boletín Oficial del Estado.
d) Al año de la publicación de su texto oficial en el Boletín Oficial del Estado.

41. El derecho a la propiedad en nuestra Constitución es un Derecho:

a) Inherente a la condición humana.
b) Absoluto.
c) Que está limitado por la función social de la misma.
d) Ninguna de las respuestas anteriores es correcta.

42. Dispone la Carta Magna que todos contribuirán al sostenimiento de los gastos públicos de acuerdo con su capacidad económica mediante un sistema tributario justo inspirado en los principios de:

a) Legalidad y equidad.
b) Igualdad y progresividad.
c) Publicidad y legalidad.
d) Eficacia y sostenibilidad.

43. En virtud del principio de progresividad tributaria:

a) Se implantarán paulatinamente cada vez mayores tributos.
b) Los tipos impositivos serán regresivos.
c) Prima el principio de igualdad en el pago de los tributos.
d) Nada de lo expuesto es cierto.

44. Según la Constitución, el Estado es:

a) Apolítico.
b) Aconfesional.
c) De bienestar social.
d) Federal.

45. El derecho a la vida se consagra en el siguiente artículo de la Constitución:

a) 10.
b) 16.
c) 15.
d) 24.

46. La pena de muerte en España:

a) Ha quedado abolida.
b) Puede aplicarse en cualquier momento.
c) Solo se aplicará, en tiempo de guerra, a los militares.
d) Rige solo en el ámbito civil.

47. La inmediata puesta a disposición judicial derivada del *habeas corpus*, se produce por:

a) Detención ilegal.
b) Prisión ilegal.
c) Prisión preventiva.
d) Detención preventiva.

48. El proceso en el que se enjuicie a un presunto delincuente debe:

a) Ser sumario.
b) No dilatarse.
c) Entorpecer los instrumentos probatorios.
d) Nada de lo anterior es cierto.

49. La entrada en un domicilio en caso de flagrante delito, sin autorización de su titular:

a) Puede dar lugar a la aplicación del habeas corpus.
b) Requiere autorización previa de la autoridad judicial.
c) Puede efectuarse en todo momento.
d) No puede realizarse en momento alguno.

50. Cuando, al conocerse la comisión de un delito por una persona, se acude a su domicilio para detenerla:

a) Está obligada a franquear la entrada.
b) Se necesitará autorización judicial para entrar, si no da su consentimiento para ello.
c) Pese a que no dé su consentimiento, se puede entrar.
d) Nada de lo anterior es correcto.

51. La autorización previa para celebrar una manifestación pública:

a) La da el Subdelegado del Gobierno en la Provincia.
b) Es ineludible.
c) Sería inconstitucional.
d) Se da cuando no se prevean alteraciones al orden público, con peligro para personas o bienes.

52. El tipo de sufragio que consagra la Constitución es el:

a) Proporcional.
b) Universal.
c) Censitario.
d) Las respuestas a) y b) son correctas.

53. Además de la no autoinculpación, la Constitución prevé que no se está obligado a declarar sobre un hecho presuntamente delictivo en caso de:

a) Parentesco y afinidad.
b) Cláusula de conciencia.
c) Secreto profesional.
d) Las respuestas a) y b) son correctas.

54. Los Tribunales de Honor están prohibidos respecto de los/la/las:

a) Sindicatos y Organizaciones Profesionales.
b) Administración Civil y Militar.
c) Organizaciones Profesionales y la Administración Civil.
d) Todas las respuestas anteriores son correctas.

55. ¿En qué artículos de nuestra CE se recogen los derechos fundamentales y de las libertades públicas?

a) En los artículos 10 a 43.
b) En los artículos 25 a 38.
c) En los artículos 31 a 45.
d) En los artículos 15 a 29.

56. La fundación de una Internacional Sindical por un sindicato español:

a) Es libre.
b) Está prohibida.
c) Debe plasmarse en un Tratado Internacional.
d) Nada de lo anterior es cierto.

57. El ejercicio del derecho de petición a través de una manifestación ciudadana:

a) No se admite.
b) Se admite en algún caso.
c) Se admite, salvo para los militares.
d) Ni se admite ni se prohíbe.

58. Nuestro sistema tributario ha de ser:

a) Regresivo e igualitario.
b) Progresivo y generalizado.
c) Confiscatorio.
d) Justo y regresivo.

59. Las Fundaciones son:

a) Entidades constituidas para fines de interés general.
b) Administración Corporativa.
c) Entidades privadas con fines de carácter también privado.
d) Asociaciones de personas para conseguir fines de interés general.

60. La asistencia de todo orden a los hijos habidos extraconyugalmente:

a) No está prevista en la Constitución.
b) Es un deber de los padres.
c) Se dispensará por Instituciones de Beneficencia.
d) Se dispensa solo a los que de ellos tengan discapacidad.

61. La especulación urbanística, según la Constitución:

a) Debe evitarse.
b) Está permitida.
c) Genera plusvalías para la colectividad.
d) Pueden hacerla los poderes públicos.

62. No es susceptible de recurso de amparo el derecho a la/de:

a) Sindicación.
b) Investigación científica.
c) Secreto de las comunicaciones.
d) Lo son todos ellos.

63. No es susceptible de recurso de amparo el derecho de:

a) Libertad de cátedra.
b) Negociación colectiva.
c) Manifestación.
d) Huelga.

64. Es susceptible de recurso de amparo el derecho a la/de:

a) Libre sindicación.
b) Petición.

c) Cláusula de conciencia.
d) Lo están todos ellos.

65. Una vez declarado el estado de excepción no se puede suspender el derecho/ libertad de:

a) Huelga.
b) Enseñanza.
c) Adopción de medidas de conflicto colectivo.
d) Libertad de circulación.

66. Durante el estado de excepción, un detenido conserva el derecho de/a:

a) Setenta y dos horas para ser puesto a disposición judicial.
b) Secreto de comunicaciones.
c) Asistencia de Letrado.
d) Ninguno de ellos.

67. Se puede suspender, con motivo de investigaciones relativas a bandas armadas, el derecho de:

a) Huelga.
b) Inviolabilidad del domicilio.
c) Libertad de circulación.
d) Las respuestas b) y c) son correctas.

68. Nuestra Constitución trata de los derechos y deberes fundamentales de los españoles en su Título I, denominado:

a) De los derechos y deberes fundamentales.
b) De los deberes de los españoles.
c) De los derechos de los españoles.
d) De los derechos y deberes principales de los españoles.

69. La asunción de funciones constitucionales por la Reina consorte:

a) Está prevista como regla general.
b) Depende de la voluntad del Rey.
c) Está prohibida.
d) Está limitada.

70. La tutoría del Rey puede recaer en:

a) Cualquier persona nombrada por las Cortes Generales, en su caso.
b) Sus hijos.

c) Una, tres o cinco personas.
d) Nada de lo anterior es cierto.

71. Una hija del Príncipe de Asturias ostentará este tratamiento:

a) Cuando su padre acceda a la condición de Rey, si es la primogénita, aunque tenga hermanos varones.
b) Al morir su padre.
c) Al acceder a Rey su padre, si no tiene hermano varón.
d) Cuando delegue en ella el propio Príncipe.

72. La Regencia se ejerce:

a) Por mandato del Rey.
b) En nombre de este.
c) Por mandato constitucional.
d) Las respuestas b) y c) son correctas.

73. La dirección de la defensa del Estado es competencia genuina del/de las:

a) Rey.
b) Fuerzas Armadas.
c) Gobierno de la Nación.
d) Todos ellos.

74. El refrendo de los actos del Rey está íntimamente relacionado con:

a) Su irresponsabilidad política.
b) Su inhabilitación.
c) La Regencia.
d) Sus poderes discrecionales.

75. En caso de que el Rey sea menor de edad:

a) No tomará posesión de su cargo hasta su mayoría de edad.
b) Ejercerá la Regencia el Príncipe heredero.
c) Ejercerá la Regencia su cónyuge.
d) Nada de lo anterior es cierto.

76. Si el Príncipe heredero tuviera descendientes y renunciara a sus derechos al trono:

a) Su cónyuge ejercería la Regencia hasta que su primogénito varón fuere mayor de edad.
b) Su cónyuge ejercería la Regencia hasta que dicho primogénito fuera proclamado Rey.
c) Se nombraría Princesa heredera a su hermana mayor, si la hubiere.
d) Nada de lo anterior es cierto.

77. La presidencia por el Rey de las reuniones del Consejo de Ministros:

a) Se permite solo respecto de las decisorias.
b) Ha de efectuarse a petición del Presidente del Gobierno de la Nación.
c) Está prevista constitucionalmente para dirigir la Administración Civil y Militar.
d) Las respuestas a) y b) son ciertas.

78. El juramento lo prestará el Rey ante el/las:

a) Cortes Generales.
b) Gobierno de la Nación.
c) Miembros de la Familia Real.
d) Pueblo español.

79. Si se agotan todas las líneas llamadas a la sucesión en la Corona de España, se:

a) Nombran Regentes.
b) Proveerá a la sucesión en la Corona por las Cortes Generales.
c) Proclama la República.
d) Establece una Dictadura.

80. La inhabilitación del Rey se reconoce por el/los/las:

a) Gobierno de la Nación.
b) Congreso de los Diputados.
c) Cortes Generales.
d) Tres Poderes constitucionales.

81. El Regente nombrado en defecto de padre, madre, pariente mayor de edad o Príncipe heredero mayor de edad se designa por el/las:

a) Propio Rey.
b) Cortes Generales.
c) Congreso de los Diputados.
d) Consejo de Regencia.

82. ¿Qué Título de nuestra CE se dedica a la Corona?

a) El Título III.
b) El Título IV.
c) El Título I.
d) El Título II.

Solución al test n.º 1

1. b) En la indisoluble unidad de la Nación española.

2. c) Tienen el deber de conocer y el derecho de usar el castellano.

3. d) De las nacionalidades y regiones que la integran.

4. d) Las respuestas b) y c) son correctas.

5. a) Aprobada por las Cortes el 31 de octubre de 1978, ratificada por el pueblo en referéndum el 6 de diciembre de 1978 y publicada el 29 de diciembre de 1978.

6. b) En el Preámbulo.

7. a) El Rey.

8. d) Ningún español de origen podrá ser privado de su nacionalidad.

9. d) La dignidad de la persona, los derechos inviolables que le son inherentes, el libre desarrollo de su personalidad, el respeto a la ley y a los derechos de los demás.

10. b) El pluralismo político.

11. c) Monarquía parlamentaria.

12. b) Parte orgánica.

13. c) Reside en el pueblo español.

14. b) En el Título Preliminar.

15. a) Consensuada.

16. d) Todas las respuestas son correctas.

17. b) Los delitos políticos.

18. c) Su funcionamiento y estructura interna.

19. b) De cinco.

20. c) Las respuestas a) y b) son correctas.

21. b) Puede aplicarse retroactivamente.

22. b) Derecho de usar y deber de conocerlo.

23. b) La villa de Madrid.

24. b) Décimo.

25. b) Tercero del Primero.

26. b) Valor superior del anterior.

27. b) Cuando libremente renuncie a la misma.

28. a) Derechos inviolables inherentes a la persona.

29. b) En los actos oficiales.

30. d) Todos ellos.

31. b) Fuerzas Armadas.

32. b) Quinto.

33. c) El 29 de diciembre de 1978.

34. a) El 31 de octubre de 1978.

35. b) El establecimiento, como forma política del Estado, de la monarquía hereditaria.

36. c) De 169.

37. b) La solidaridad.

38. d) En ningún caso un español de origen podrá ser privado de su nacionalidad.

39. b) En el Título III.

40. c) El mismo día de la publicación de su texto oficial en el Boletín Oficial del Estado.

41. c) Que está limitado por la función social de la misma.

42. b) Igualdad y progresividad.

43. d) Nada de lo expuesto es cierto.

44. b) Aconfesional.

45. c) 15.

46. a) Ha quedado abolida.

47. a) Detención ilegal.

48. b) No dilatarse.

49. c) Puede efectuarse en todo momento.

50. b) Se necesitará autorización judicial para entrar, si no da su consentimiento para ello.

51. c) Sería inconstitucional.

52. b) Universal.

53. c) Secreto profesional.

54. c) Organizaciones Profesionales y la Administración Civil.

55. d) En los artículos 15 a 29.

56. a) Es libre.

57. a) No se admite.

58. b) Progresivo y generalizado.

59. a) Entidades constituidas para fines de interés general.

60. b) Es un deber de los padres.

61. a) Debe evitarse.

62. b) Investigación científica.

63. b) Negociación colectiva.

64. d) Lo están todos ellos.

65. b) Enseñanza.

66. c) Asistencia de Letrado.

67. b) Inviolabilidad del domicilio.

68. a) De los derechos y deberes fundamentales.

69. d) Está limitada.

70. a) Cualquier persona nombrada por las Cortes, en su caso.

71. c) Al acceder a Rey su padre, si no tiene hermano varón.

72. d) Las respuestas b) y c) son correctas.

73. c) Gobierno de la Nación.

74. a) Su irresponsabilidad política.

75. d) Nada de lo anterior es cierto.

76. c) Se nombraría Princesa heredera a su hermana mayor, si la hubiere.

77. b) Ha de efectuarse a petición del Presidente del Gobierno de la Nación.

78. a) Cortes Generales.

79. b) Proveerá a la sucesión en la Corona por las Cortes Generales.

80. c) Cortes Generales.

81. b) Cortes Generales.

82. d) El Título II.

TEST N.º 2

**La Organización territorial del Estado en la Constitución.
El Estatuto de Autonomía de la Comunidad de Madrid**

1. La Comunidad de Madrid, al facilitar la más plena participación de los ciudadanos en la vida política, económica, cultural y social, aspira a hacer realidad los principios de:

a) Libertad, justicia e igualdad.
b) Libertad, justicia y solidaridad.
c) Solidaridad y autonomía.
d) Justicia social, libertad e igualdad.

2. Señala la Constitución Española que las diferencias entre los Estatutos de las distintas Comunidades Autónomas no podrán implicar, en ningún caso, privilegios:

a) Políticos y sociales.
b) Económicos y sociales.
c) Culturales y sociales.
d) Políticos y culturales.

3. La Asamblea puede exigir la responsabilidad política del Presidente o del Gobierno mediante la adopción por mayoría absoluta de la moción de censura. Ésta habrá de ser propuesta, al menos:

a) Por un 5 por 100 de los Diputados.
b) Por un 10 por 100 de los Diputados.
c) Por un 15 por 100 de los Diputados.
d) Por un 20 por 100 de los Diputados.

4. De acuerdo con los arts. 143 y 144 CE, las Comunidades Autónomas podrán formarse por:

a) Los territorios insulares.
b) Las Provincias limítrofes con características históricas, culturales y económicas comunes.

c) Los territorios cuyo ámbito territorial no supere el de una Provincia y carezcan de entidad regional histórica.

d) Todas son correctas.

5. Durante su mandato, la responsabilidad a un diputado de la Asamblea de Madrid, por delito cometido en Alicante, se exigirá ante el:

a) Tribunal Superior de Justicia de Madrid.

b) Tribunal Superior de Justicia de la Comunidad Valenciana.

c) Tribunal Supremo.

d) Ningún Tribunal porque gozan de inviolabilidad.

6. Las Cortes Generales podrán, por motivos de interés nacional, autorizar o acordar, en su caso, un Estatuto de Autonomía para territorios que no estén integrados en la organización provincial, mediante:

a) Ley Orgánica.

b) Ley Ordinaria.

c) Real Decreto.

d) Decreto-Ley.

7. ¿En qué caso excepcional admite el art. 145 de la Constitución Española la federación de Comunidades Autónomas?

a) Cuando así lo decidan los Parlamentos de las Comunidades Autónomas afectadas, mediante acuerdo adoptado por la mayoría absoluta de sus miembros y lo autoricen las Cortes Generales, mediante una Ley Orgánica.

b) Cuando lo aprueben por mayoría absoluta todos los Ayuntamientos de las CCAA afectadas, y así lo autoricen las Cortes Generales, mediante una Ley Orgánica.

c) Cuando así apruebe expresamente las Cortes Generales, mediante Ley Orgánica y cuente con el visto bueno del Consejo de Estado.

d) En ningún caso.

8. El Presidente de la Comunidad de Madrid ostenta la suprema representación de la Comunidad Autónoma y la ordinaria del Estado en la misma, y además:

a) Preside la acción del Consejo de Gobierno y de la administración autonómica.

b) Dirige y coordina la acción del Consejo de Gobierno y de la administración autonómica.

c) Coordina la acción del Consejo de Gobierno y de la administración autonómica.

d) Preside, dirige y coordina la acción del Consejo de Gobierno y de la administración autonómica.

9. ¿Quién controla la actividad de la Administración autónoma y sus normas reglamentarias?

a) El Tribunal Constitucional.

b) El Gobierno.

c) Las Cortes Generales.

d) La Jurisdicción Contencioso–Administrativa.

10. El art. 156 CE establece que las Comunidades Autónomas gozarán de autonomía financiera para el desarrollo y ejecución de sus competencias con arreglo a los principios de:

a) Igualdad entre Comunidades Autónomas y eficacia en la gestión del gasto.

b) Austeridad en el gasto y solidaridad entre las regiones.

c) Coordinación con la Hacienda estatal y de solidaridad entre todos los españoles.

d) Igualdad entre todos los españoles y coordinación.

11. Señala uno de los recursos de las Comunidades Autónomas:

a) Sus propios impuestos, tasas y contribuciones especiales.

b) Rendimientos procedentes de su patrimonio e ingresos de Derecho Privado.

c) Transferencias de un Fondo de Compensación Interterritorial y otras asignaciones con cargo a los Presupuestos Generales del Estado.

d) Todas son correctas.

12. ¿Cuál es el Fondo diseñado por la Constitución Española para corregir los desequilibrios económicos interterritoriales y hacer efectivo el principio de solidaridad?

a) El Fondo de Garantía.

b) El Fondo de Compensación.

c) El Fondo de Solidaridad.

d) El Fondo de Igualdad Interterritorial.

13. ¿A quién corresponde distribuir los recursos del Fondo de Compensación entre las Comunidades Autónomas y provincias, en su caso?

a) Al Gobierno.

b) A las Cortes Generales.

c) Federación Española de Municipios y Provincias.

d) Al Ministerio de Política Territorial y Función Pública.

14. ¿Qué artículo de la Constitución Española señala las competencias que podrán asumir las Comunidades Autónomas?

a) El art. 145.

b) El art. 146.

c) El art. 148.

d) El art. 150.

15. Transcurridos cuántos años, y mediante la reforma de sus Estatutos, las Comunidades Autónomas podrán ampliar sus competencias dentro del marco establecido en el art. 149, que se refiere a las competencias exclusivas del Estado:

a) Dos años.
b) Cinco años.
c) Diez años.
d) Quince años.

16. El Estado podrá dictar leyes que establezcan los principios necesarios para armonizar las disposiciones normativas de las Comunidades Autónomas, aun en el caso de materias atribuidas a la competencia de estas, cuando así lo exija el interés general. ¿A quién corresponde la apreciación de esta necesidad?

a) Al Presidente del Gobierno.
b) Al Consejo de Ministros.
c) A las Cortes Generales, por mayoría absoluta de cada Cámara.
d) A las Cortes Generales, por mayoría simple de cada Cámara.

17. Señala cuál de las siguientes es una de las competencias exclusivas del Estado, a raíz del art. 149 de la Constitución Española:

a) La artesanía.
b) Asistencia social.
c) Sanidad e higiene.
d) Legislación sobre productos farmacéuticos.

18. Los Estatutos de Autonomía deberán contener:

a) La denominación, organización y sede de las instituciones autónomas propias.
b) La denominación de la Comunidad que mejor corresponda a su identidad histórica.
c) La delimitación de su territorio.
d) Todas son correctas.

19. ¿Quién controla lo relativo a la constitucionalidad de las disposiciones normativas con fuerza de Ley de las Comunidades Autónomas?

a) El Gobierno.
b) Las Cortes Generales.
c) El Tribunal Constitucional.
d) El Tribunal Superior de Justicia de la Comunidad Autónoma.

20. ¿Quién controla lo relativo a la actividad económica y presupuestaria de las Comunidades Autónomas?

a) El Tribunal Constitucional.
b) El Tribunal Supremo.

c) El Tribunal Superior de Justicia de la Comunidad Autónoma.
d) El Tribunal de Cuentas.

21. A la Asamblea no le corresponde:

a) La aprobación y el control de los Presupuestos de la Comunidad y el examen y aprobación de sus cuentas.
b) El conocimiento y control de los planes económicos.
c) Dirigir la actividad del Gobierno.
d) Acordar operaciones de crédito y deuda pública.

22. No corresponde al Presidente de la Comunidad de Madrid:

a) Acordar la petición de sesión extraordinaria de la Asamblea.
b) Nombrar y separar de su cargo a los Consejeros.
c) Asegurar la coordinación entre las distintas Consejerías y resolver los conflictos de competencias entre las mismas.
d) Velar por el cumplimiento de los acuerdos del Consejo de Gobierno y de las Comisiones Delegadas.

23. ¿Qué artículo de la Carta Magna proclama que la Constitución se fundamenta en la indisoluble unidad de la Nación española, patria común e indivisible de todos los españoles, y reconoce y garantiza el derecho a la autonomía de las nacionalidades y regiones que la integran y la solidaridad de todas ellas?

a) El art. 1.
b) El art. 2.
c) El art. 9.2.
d) El art. 11.1.

24. Las Comunidades Autónomas se encuentran sometidas al control de:

a) Los Tribunales de Justicia.
b) El Tribunal Constitucional.
c) El Tribunal de Cuentas.
d) Todas son correctas.

25. Señala la respuesta correcta respecto a los Estatutos de Autonomía:

a) Pueden considerarse como la peculiar Constitución de cada Comunidad Autónoma.
b) Son una ley orgánica integrada con este carácter en el total ordenamiento jurídico de la Nación española.
c) El Estado los reconocerá y amparará como parte integrante de su ordenamiento jurídico.
d) Todas son correctas.

26. ¿Quién nombra al Presidente del Consejo de Gobierno de las Comunidades Autónomas?

a) El Rey.
b) La Asamblea de la Comunidad Autónoma.
c) El Presidente de la CC.AA.
d) El Presidente del Gobierno de la Nación.

27. Indica una de las competencias que podrán asumir las Comunidades Autónomas, en virtud del art. 148 CE:

a) Patrimonio monumental de interés de la Comunidad Autónoma.
b) Asistencia social.
c) Puertos y aeropuertos deportivos.
d) Todas son correctas.

28. ¿Quién puede, en materia de competencia estatal, atribuir a todas o a alguna de las Comunidades Autónomas la facultad de dictar, para sí mismas, normas legislativas en el marco de los principios, bases y directrices fijados por una Ley estatal?

a) El Tribunal Constitucional.
b) El Presidente del Gobierno.
c) Las Cortes Generales.
d) El Congreso de los Diputados.

29. ¿Cuáles son los órganos superiores de gobierno y administración de la Comunidad de Madrid?

a) El Presidente, el Vicepresidente y los Consejeros.
b) El Presidente, el Consejo de Gobierno y los Concejales.
c) El Presidente, el Consejo de Gobierno y los Consejeros.
d) El Presidente y el Consejo de Gobierno.

30. La Asamblea de Madrid se dotará de su propio Reglamento, cuya aprobación y reforma serán sometidas a una votación final sobre su totalidad, que requerirá el voto afirmativo:

a) De la mayoría absoluta de los Diputados.
b) De la mayoría simple de los Diputados.
c) De la aprobación de tres cuartos de la Asamblea.
d) Ninguna es correcta.

Solución al test n.º 2

1. a) Libertad, justicia e igualdad.

2. b) Económicos y sociales.

3. c) Por un 15 por 100 de los Diputados.

4. d) Todas son correctas.

5. c) Tribunal Supremo.

6. a) Ley Orgánica.

7. d) En ningún caso.

8. d) Preside, dirige y coordina la acción del Consejo de Gobierno y de la administración autonómica.

9. d) La Jurisdicción Contencioso–Administrativa.

10. c) Coordinación con la Hacienda estatal y de solidaridad entre todos los españoles.

11. d) Todas son correctas.

12. b) El Fondo de Compensación.

13. b) A las Cortes Generales.

14. c) El art. 148.

15. b) Cinco años.

16. c) A las Cortes Generales, por mayoría absoluta de cada Cámara.

17. d) Legislación sobre productos farmacéuticos.

18. d) Todas son correctas.

19. c) El Tribunal Constitucional.

20. d) El Tribunal de Cuentas.

21. c) Dirigir la actividad del Gobierno.

22. a) Acordar la petición de sesión extraordinaria de la Asamblea.

23. b) El art. 2.

24. d) Todas son correctas.

25. d) Todas son correctas.

26. a) El Rey.

27. d) Todas son correctas.

28. c) Las Cortes Generales.

29. c) El Presidente, el Consejo de Gobierno y los Consejeros.

30. a) De la mayoría absoluta de los Diputados.

TEST N.º 3

La Administración Local. El Municipio. Órganos de Gobierno. Régimen de organización de los municipios de gran población

1. La Administración Local está integrada:

a) Por órganos.
b) Por Entes, no por órganos.
c) Por sujetos de Derecho con personalidad jurídica propia.
d) Son correctas las respuestas b) y c).

2. Uno de los hitos normativos más importantes en la evolución del Régimen Local es:

a) La Constitución Española de 1931.
b) El Decreto de Javier de Burgos, de 30 de noviembre de 1833.
c) La Declaración Universal de los Derechos Humanos.
d) El Estatuto de Bayona de 1808.

3. Se definen como entidades locales integradas por los municipios de grandes aglomeraciones urbanas entre cuyos núcleos de población existan vinculaciones económicas y sociales que hagan necesaria la planificación conjunta y la coordinación de determinados servicios y obras:

a) Las Áreas Metropolitanas.
b) Las Comarcas.
c) Las Mancomunidades.
d) Las entidades de ámbito territorial inferior al Municipio.

4. Son entidades locales territoriales:

a) El municipio y las mancomunidades.
b) Las provincias y las comarcas.
c) El municipio, las provincias y las áreas metropolitanas.
d) La Isla en los archipiélagos balear y canario y los municipios.

5. La no presentación de cuentas por las entidades de ámbito territorial inferior al Municipio ante los organismos correspondientes del Estado y de la Comunidad Autónoma:

a) Conllevará que el personal que estuviera al servicio de la entidad quedará incorporado en la Administración del Estado.

b) Conllevará que el personal que estuviera al servicio de la entidad quedará incorporado en la Administración de la Comunidad Autónoma.

c) Será motivo para la sustitución de sus órganos de gobierno.

d) Será causa de disolución.

6. El artículo 137 de la Constitución Española dispone:

a) El Estado se organiza territorialmente en Municipios, en Provincias y en las Comunidades Autónomas que se constituyan.

b) El Estado se organiza territorialmente en Municipios, en Provincias e Islas.

c) El Estado se organiza territorialmente en Municipios, en Provincias y en Comarcas.

d) El Estado se organiza territorialmente en Municipios, en Provincias y en Concejos.

7. De acuerdo con el artículo 141 de la Constitución Española:

a) El gobierno y la administración autónoma de las provincias estarán encomendados a las Diputaciones u otras Corporaciones de carácter representativo.

b) El gobierno y la administración autónoma de las provincias estarán encomendados al Pleno de la Diputación Provincial.

c) El gobierno y la administración autónoma de las provincias estarán encomendados a la Junta de Gobierno de la Diputación Provincial.

d) El gobierno y la administración autónoma de las Provincias estarán encomendados a las Corporaciones de carácter representativo.

8. Uno de los principios fundamentales en relación con el Régimen Local que recoge la Constitución Española es:

a) La autonomía de las Corporaciones Locales en la gestión de sus intereses.

b) El carácter democrático y representativo de sus órganos de gobierno.

c) La suficiencia de las Haciendas Locales.

d) Todas las respuestas anteriores son correctas.

9. ¿Es posible crear agrupaciones de Municipios diferentes de la Provincia?

a) No.

b) En algunos casos.

c) Solo si lo decide el Presidente del Gobierno.

d) Sí.

10. De conformidad con el artículo 140 de la Constitución Española, los concejales serán elegidos por sufragio:

a) Universal por parte de los ciudadanos del municipio.
b) Universal, igual, libre, e indirecto.
c) Universal, igual, libre, directo y secreto.
d) Universal, igual, libre, directo y secreto, en la forma establecida en la ley.

11. Según el artículo 103.1 de la Constitución Española, la Administración Pública sirve con objetividad los intereses generales y actúa de acuerdo con los principios de:

a) Eficacia, jerarquía, descentralización, desconcentración y suficiencia financiera.
b) Descentralización, desconcentración, altruismo y eficacia.
c) Eficacia, jerarquía, descentralización, desconcentración y coordinación.
d) Eficacia, jerarquía, descentralización, desconcentración y gratuidad.

12. ¿Cuál es la Entidad básica de la organización territorial del Estado y cauce inmediato de participación ciudadana en los asuntos públicos, que institucionaliza y gestiona con autonomía los intereses propios de la respectiva colectividad?

a) La Isla.
b) La Provincia.
c) El Municipio.
d) La Comarca.

13. La Creación de las Áreas Metropolitanas se efectuará por ley de:

a) Las Cortes Generales.
b) El Senado.
c) La Asamblea Legislativa de la Comunidad Autónoma.
d) No será necesaria ley, sino Acuerdo aprobado por la mayoría absoluta de los concejales que conforman cada Municipio.

14. ¿Cuáles son las Entidades Locales integradas por los Municipios de grandes aglomeraciones urbanas entre cuyos núcleos de población existen vinculaciones económicas y sociales que hacen necesaria la planificación conjunta y la coordinación de determinados servicios y obras?

a) Las Áreas Metropolitanas.
b) Las Comarcas.
c) Las Mancomunidades de Municipios.
d) Las Provincias.

15. La Provincia es una Entidad Local con personalidad jurídica propia, determinada por la agrupación de Municipios y división territorial para el cumplimiento de las actividades del Estado. Cualquier alteración de los límites provinciales habrá de ser aprobada:

a) Por las Cortes Generales mediante ley orgánica.
b) Por las Cortes Generales mediante ley ordinaria.
c) Por ley de la Asamblea Legislativa de la Comunidad Autónoma respectiva.
d) Por acuerdo unánime de la Diputación Provincial.

16. La Administración Local está integrada por:

a) Órganos.
b) Organismos
c) Entes.
d) Entidades Institucionales.

17. ¿En qué año se aprobó el vigente Reglamento de Organización, Funcionamiento y Régimen Jurídico de las Entidades Locales?

a) 1991.
b) 1982.
c) 1998.
d) 1986.

18. Los elementos del Municipio son:

a) El territorio, la población y la financiación.
b) El territorio, las instituciones y la organización.
c) La organización, la autonomía y el territorio.
d) La población, la organización y el territorio.

19. La personalidad jurídica de los Municipios, según la Constitución Española, es:

a) Propia.
b) Plena.
c) Reconocida por el Ente que los crea.
d) Dependiente de su autonomía.

20. Según nuestra Constitución, los Concejales no son elegidos por sufragio:

a) Universal.
b) Igual.
c) Paritario.
d) Libre.

21. La pertenencia de un Municipio a dos Provincias:

a) Se admite excepcionalmente.
b) Ha de estar prevista en norma con rango de ley.
c) Está prohibida en nuestro ordenamiento jurídico.
d) Las respuestas a) y b) son ciertas.

22. La división del término municipal en distritos, barrios, etc., es competencia del/de la:

a) Instituto Geográfico Nacional.
b) Diputación Provincial.
c) Ayuntamiento respectivo.
d) Comunidad Autónoma.

23. Para ser vecino de un Municipio:

a) Hay que estar empadronado como tal en él.
b) Basta con la residencia habitual en el mismo.
c) No es necesario ser mayor de edad.
d) Debe saberse leer y escribir.

24. No es posible la consulta popular en la siguiente materia:

a) Sobre competencias municipales.
b) Hacienda Local.
c) Servicios municipales.
d) Es factible en todas ellas.

25. En el ámbito local el único órgano que puede someter a consulta popular un asunto es el:

a) Presidente de la Diputación Provincial.
b) Alcalde.
c) Gobierno de la Nación.
d) Pleno de cada Entidad Local.

26. En el Padrón no debe constar respecto de un vecino su:

a) Sexo.
b) Domicilio habitual.
c) Lugar de nacimiento.
d) Debe figurar todo lo anterior.

27. El Consejo de Empadronamiento está adscrito al/a la:

a) Presidencia del Gobierno de la Nación.
b) Ministerio del Interior.
c) Ministerio de Asuntos Económicos y Transformación Digital.
d) Ministerio de la Presidencia, Relaciones con las Cortes y Memoria Democrática.

28. La confección del Padrón de españoles residentes en el extranjero es competencia del/de la:

a) Ayuntamiento de su último domicilio en España.
b) Comunidad Autónoma donde hubieren nacido.
c) Administración General del Estado.
d) Embajada o Consulado español en el país en que residan.

29. Las directrices e instrucciones técnicas para la formación, mantenimiento y rectificación del Padrón corresponde emanarlas al/a la:

a) Propio Ayuntamiento Pleno.
b) Administración General del Estado.
c) Comunidad Autónoma.
d) Alcalde.

30. La organización municipal complementaria que establezca una Comunidad Autónoma con carácter general, respecto a los Municipios de la misma:

a) Se aplica preferentemente a la establecida con tal carácter por el Estado.
b) Se aplica preferentemente a la establecida por el Reglamento Orgánico de cada Municipio.
c) Se aplica después de la del Estado y la del Reglamento Orgánico.
d) Las respuestas a) y b) son ciertas.

31. La elección de un Alcalde, tras unas elecciones locales, se efectúa:

a) Directamente en las elecciones locales.
b) En sesión extraordinaria al efecto.
c) En la sesión constitutiva de la Corporación.
d) Por los vecinos exclusivamente.

32. La destitución del Presidente de una Corporación Local se efectúa a través de la:

a) Renuncia.
b) Cuestión de confianza.
c) Moción de censura.
d) Las respuestas b) y c) son ciertas.

33. ¿Se puede presentar más de una moción de censura contra el mismo Presidente de una Entidad Local?

a) Sí, cuando prospere una de ellas.
b) Solo en distintos períodos de sesiones.
c) Depende del Reglamento Orgánico de la Entidad.
d) Nada de lo expuesto es cierto.

34. En una moción de censura contra el Alcalde, puede ser candidato:

a) Los cabezas de lista.
b) Los portavoces de los Grupos Políticos.
c) Cualquier Concejal cuya aceptación expresa conste en el escrito de proposición de la moción.
d) Ninguno de los anteriores.

35. Si un Alcalde pierde una cuestión de confianza:

a) Quedan cesados todos sus miembros.
b) Se procede al nombramiento de otro según las normas aplicadas en el nombramiento del dimitido.
c) Se nombra como tal al primer Teniente de Alcalde.
d) Se hace una nueva sesión constitutiva, tras la celebración de elecciones.

36. La convocatoria de consultas populares debe autorizarla el/la:

a) Gobierno de la Nación.
b) Presidente de la Corporación.
c) Comunidad Autónoma.
d) Ninguno de ellos.

37. La denominada competencia residual, en virtud de la cual se le atribuyen aquellas competencias que no estén expresamente asignadas a otro órgano, la tiene en un Ayuntamiento el/la/las:

a) Pleno.
b) Comisiones Informativas.
c) Presidente.
d) Junta de Gobierno Local.

38. Las cuestiones que se susciten entre Municipios sobre deslinde de sus términos municipales serán resueltas por:

a) La correspondiente Comunidad Autónoma.
b) El Gobierno de España.
c) Las Diputaciones Provinciales.
d) El Consejo de Estado.

Solución al test n.º 3

1. d) Son correctas las respuestas b) y c).

2. b) El Decreto de Javier de Burgos, de 30 de noviembre de 1833.

3. a) Las Áreas Metropolitanas.

4. d) La Isla en los archipiélagos balear y canario y los municipios.

5. d) Será causa de disolución.

6. a) El Estado se organiza territorialmente en Municipios, en Provincias y en las Comunidades Autónomas que se constituyan.

7. a) El gobierno y la administración autónoma de las provincias estarán encomendados a las Diputaciones u otras Corporaciones de carácter representativo.

8. d) Todas las respuestas anteriores son correctas.

9. d) Sí.

10. d) Universal, igual, libre, directo y secreto, en la forma establecida en la ley.

11. c) Eficacia, jerarquía, descentralización, desconcentración y coordinación.

12. c) El Municipio.

13. c) La Asamblea Legislativa de la Comunidad Autónoma.

14. a) Las Áreas Metropolitanas.

15. a) Por las Cortes Generales mediante ley orgánica.

16. c) Entes.

17. d) 1986.

18. d) La población, la organización y el territorio.

19. b) Plena.

20. c) Paritario.

21. c) Está prohibida en nuestro ordenamiento jurídico.

22. c) Ayuntamiento respectivo.

23. a) Hay que estar empadronado como tal en él.

24. b) Hacienda Local.

25. b) Alcalde.

26. d) Debe figurar todo lo anterior.

27. c) Ministerio de Asuntos Económicos y Transformación Digital.

28. c) Administración General del Estado.

29. b) Administración General del Estado.

30. b) Se aplica preferentemente a la establecida por el Reglamento Orgánico de cada Municipio.

31. c) En la sesión constitutiva de la Corporación.

32. d) Las respuestas b) y c) son ciertas.

33. d) Nada de lo expuesto es cierto.

34. c) Cualquier Concejal cuya aceptación expresa conste en el escrito de proposición de la moción.

35. b) Se procede al nombramiento de otro según las normas aplicadas en el nombramiento del dimitido.

36. a) Gobierno de la Nación.

37. c) Presidente.

38. a) La correspondiente Comunidad Autónoma.

TEST N.º 4

El principio de legalidad y jerarquía normativa. Las fuentes del Derecho Administrativo. La Ley: tipos de leyes y reserva de ley. Dispositivos del ejecutivo con fuerza de ley: decreto-ley y decreto legislativo. El Reglamento: concepto, clases y límites de la potestad reglamentaria

1. Señala cuál de las siguientes es una fuente indirecta de nuestro Derecho Administrativo:

a) Los Reglamentos.
b) La Jurisprudencia.
c) Los Principios Generales del Derecho.
d) La Costumbre.

2. ¿Qué tipo de fuente del Derecho Administrativo son los Reglamentos del Presidente del Gobierno?

a) Directa.
b) Indirecta.
c) Directa subsidiaria.
d) No son fuente de nuestro Derecho Administrativo.

3. ¿A quién atribuye la Constitución Española la titularidad de la potestad legislativa?

a) Únicamente al Estado.
b) A las Cortes Generales exclusivamente.
c) Al Estado y las Comunidades Autónomas.
d) Al Estado, a las Comunidades Autónomas y a las Corporaciones Locales.

4. ¿A quién atribuye el art. 91 de la Carta Magna la potestad para ordenar la inmediata publicación de las leyes aprobadas por las Cortes Generales?

a) Al Rey.
b) Al Presidente del Gobierno.

c) Al Presidente del Congreso de los Diputados.
d) Al Presidente de la Mesa de la Cámara Baja.

5. ¿Cómo se denominan las leyes por las que las Cortes Generales, en materia de competencia estatal, pueden atribuir a todas o a alguna de las Comunidades Autónomas la facultad de dictar, para sí mismas, normas legislativas en el marco de los principios, bases y directrices fijados por una ley estatal?

a) Leyes orgánicas.
b) Leyes ordinarias.
c) Leyes marco.
d) Leyes de armonización.

6. ¿En qué plazo sancionará el Rey las leyes aprobadas por las Cortes Generales?

a) Un mes.
b) Veinte días.
c) Quince días.
d) Diez días.

7. ¿Qué órgano de los siguientes promulga las leyes?

a) El Rey.
b) El Presidente del Gobierno.
c) Las Cortes Generales.
d) El Presidente del Congreso.

8. ¿Qué son los decretos legislativos?

a) Disposiciones del Gobierno sobre derechos y deberes fundamentales.
b) Disposiciones de las Cortes que contienen delegación legislativa.
c) Disposiciones del Poder Judicial que contienen delegación legislativa.
d) Disposiciones del Gobierno que contienen legislación delegada.

9. En caso de extraordinaria y urgente necesidad, ¿qué disposición legislativa provisional podrá dictar el Gobierno?

a) Decreto legislativo.
b) Ley de bases.
c) Ley orgánica.
d) Decreto ley.

10. Los decretos leyes deberán de ser inmediatamente sometidos a debate y votación de totalidad:

a) Al Senado.
b) Al Gobierno.

c) Al Congreso de los Diputados.
d) Todas las anteriores son correctas.

11. Cuando las Asambleas de las CC AA remitan a la Mesa del Congreso una proposición de ley, delegarán ante dicha cámara para su defensa:

a) Un máximo de 2 miembros de la Asamblea.
b) Un máximo de 3 miembros de la Asamblea.
c) Un máximo de 4 miembros de la Asamblea.
d) Un máximo de 5 miembros de la Asamblea.

12. ¿Qué ley regulará las formas de ejercicio y requisitos de la iniciativa popular para la presentación de las proposiciones de ley?

a) Una ley de bases.
b) Una ley ordinaria.
c) Una ley orgánica.
d) Todas son correctas.

13. En caso de iniciativa legislativa popular, el número de firmas necesarias será de:

a) 250.000 firmas acreditadas.
b) 500.000 firmas acreditadas.
c) 1.000.000 firmas acreditadas.
d) 1.250.000 firmas acreditadas.

14. No procederá la iniciativa legislativa popular en materias:

a) Propias de ley orgánica.
b) Tributarias o internacionales.
c) En lo relativo a la prerrogativa de gracia.
d) Todas las anteriores son correctas.

15. ¿De qué plazo dispone el Senado para, mediante mensaje motivado, oponer su veto o introducir enmiendas a un proyecto de ley ordinaria u orgánica?

a) Veinte días, a partir del día de la recepción del texto.
b) Un mes, a partir del día de la recepción del texto.
c) Dos meses, a partir del día de la recepción del texto.
d) Tres meses, a partir del día de la recepción del texto.

16. El plazo ordinario de que el Senado dispone para vetar o enmendar el proyecto se reducirá en los proyectos declarados urgentes por el Gobierno o por el Congreso de los Diputados a:

a) Veinte días hábiles.
b) Veinte días naturales.

c) Quince días naturales.
d) Quince días hábiles.

17. El art. 129 de la Ley 39/2015, de 1 de octubre, del Procedimiento Administrativo Común de las Administraciones Públicas dispone que en el ejercicio de la iniciativa legislativa y la potestad reglamentaria, las Administraciones Públicas actuarán de acuerdo con los principios de:

a) Legalidad, necesidad, eficacia, eficiencia, transparencia, e igualdad.
b) Legalidad, objetividad, necesidad, eficacia y eficiencia.
c) Necesidad, transparencia, objetividad, proporcionalidad, y eficacia.
d) Necesidad, eficacia, proporcionalidad, seguridad jurídica, transparencia, y eficiencia.

18. ¿En virtud de qué principio, la iniciativa normativa debe evitar cargas administrativas innecesarias o accesorias y racionalizar, en su aplicación, la gestión de los recursos públicos?

a) En aplicación del principio de eficiencia.
b) En aplicación del principio de transparencia.
c) En aplicación del principio de proporcionalidad.
d) En aplicación del principio de necesidad.

19. ¿En virtud de qué principio o principios, la iniciativa normativa debe estar justificada por una razón de interés general, basarse en una identificación clara de los fines perseguidos y ser el instrumento más adecuado para garantizar su consecución?

a) En virtud de los principios de necesidad y eficacia.
b) En virtud de los principios de objetividad y proporcionalidad.
c) En virtud de los principios de seguridad y necesidad.
d) En virtud de los principios de transparencia y eficiencia.

20. Por la relación existente entre los reglamentos y la ley, GARRIDO FALLA y ENTRENA CUESTA, clasifican los Reglamentos en:

a) Dependientes o independientes.
b) Ejecutivos e Independientes.
c) Internos y externos.
d) Estatales, autonómicos, locales e institucionales.

21. Como consecuencia del principio de reserva de ley, la Administración no podrá, por vía reglamentaria:

a) Establecer y exigir prestaciones personales obligatorias.
b) Establecer ni imponer penas.
c) Establecer tributos.
d) Todas las respuestas son correctas.

22. Los vecinos que gocen del derecho de sufragio activo en las elecciones municipales podrán ejercer la iniciativa popular, presentando propuestas de acuerdos o actuaciones o proyectos de reglamentos en materias de la competencia municipal. Dichas iniciativas deberán ir suscritas, en los Municipios de hasta 5.000 habitantes, por al menos:

a) El 20 % de los vecinos del Municipio.
b) El 15 % de los vecinos del Municipio.
c) El 10 % de los vecinos del Municipio.
d) El 7,5 % de los vecinos del Municipio.

23. La fase de recogida de firmas de la iniciativa popular deberá hacerse en el plazo de:

a) Seis meses, prorrogable por otros dos meses más.
b) Seis meses improrrogables.
c) Nueve meses, prorrogable por otros tres meses más.
d) Nueve meses improrrogables.

24. Señala cuál de las siguientes no es una fuente directa principal del Derecho Administrativo:

a) Los decretos leyes.
b) Los Principios Generales del Derecho.
c) Los Reglamentos del Presidente del Gobierno.
d) La Constitución.

25. El artículo 1.6.º del Código Civil establece que la jurisprudencia complementará el ordenamiento jurídico con la doctrina que, de modo reiterado, establezca:

a) El Tribunal Constitucional.
b) La Audiencia Nacional.
c) El Tribunal Supremo.
d) Los Tribunales Superiores de Justicia.

26. ¿A quién corresponde elevar al Consejo de Ministros el Plan Anual Normativo para su aprobación?

a) Al Presidente del Gobierno.
b) Al Ministro de la Presidencia, Justicia y Relaciones con las Cortes.
c) Al Ministro del Interior.
d) Al Vicepresidente del Gobierno.

27. El/la Ministro/a competente elevará el Plan al Consejo de Ministros para su aprobación antes de:

a) El 30 de abril.
b) El 1 de mayo.
c) El 30 de junio.
d) El 31 de diciembre.

28. Conforme dispone el artículo 86 de la CE, en caso de extraordinaria y urgente necesidad, el Gobierno podrá dictar disposiciones legislativas provisionales que tomarán la forma de:

a) Leyes orgánicas.
b) Decretos leyes.
c) Decretos legislativos.
d) Reglamentos.

29. Los decretos leyes deberán ser inmediatamente sometidos a debate y votación de totalidad al Congreso de los Diputados, convocado al efecto si no estuviere reunido, en el plazo de:

a) Los treinta días siguientes a su promulgación.
b) Los veinte días siguientes a su promulgación.
c) Los quince días siguientes a su promulgación.
d) Los diez días siguientes a su promulgación.

30. Las disposiciones del Gobierno que contengan legislación delegada recibirán el título de:

a) Leyes orgánicas.
b) Decretos leyes.
c) Decretos legislativos.
d) Reglamentos.

31. Los Juzgados y Tribunales del orden contencioso-administrativo conocerán:

a) De las pretensiones que se deduzcan en relación con la actuación de las Administraciones Públicas sujeta al Derecho Administrativo.
b) Con las disposiciones generales de rango inferior a la ley.
c) Con los Decretos Legislativos cuando excedan los límites de la delegación.
d) Todas las respuestas son correctas.

32. Señala la respuesta incorrecta respecto al Reglamento:

a) El Reglamento consiste en un acto normativo dictado por la Administración en virtud de su competencia propia.
b) El Reglamento es toda disposición jurídica de carácter general dictada por la Administración Pública y con valor subordinado a la ley.
c) Por su contenido, son normas de Derecho subjetivo, de rango inferior al de las leyes.
d) Por su procedencia, al emanar de la Administración, están sometidos al principio de legalidad y son susceptibles, en su caso, de ser fiscalizados por la Jurisdicción Contencioso-Administrativa.

33. ¿En virtud de qué principio, la iniciativa normativa debe evitar cargas administrativas innecesarias o accesorias y racionalizar, en su aplicación, la gestión de los recursos públicos?

a) En aplicación del principio de transparencia.
b) En aplicación del principio de eficacia.
c) En aplicación del principio de eficiencia.
d) En aplicación del principio de seguridad jurídica.

34. Por la relación existente entre los Reglamentos y la ley, cabe distinguir entre:

a) Reglamentos Ejecutivos y Reglamentos Independientes.
b) Reglamentos Normativos y Reglamentos Legislativos.
c) Reglamentos Simples y Reglamentos Complejos.
d) Reglamentos Internos y Reglamentos Externos.

35. Como consecuencia del principio de reserva de ley, la Administración no podrá, por vía reglamentaria:

a) Establecer ni imponer penas.
b) Establecer tributos ni otro tipo de exacciones, tasas, cánones, derechos de propaganda, ni otras cargas similares.
c) Establecer y exigir prestaciones personales obligatorias.
d) Todas las respuestas anteriores son correctas.

36. ¿En virtud de qué principio las Administraciones Públicas posibilitarán el acceso sencillo, universal y actualizado a la normativa en vigor y los documentos propios de su proceso de elaboración, en los términos establecidos en el artículo 7 de la Ley 19/2013, de 9 de diciembre, de Transparencia, acceso a la Información Pública y Buen Gobierno?

a) En aplicación del principio de transparencia.
b) En aplicación del principio de eficacia.
c) En aplicación del principio de eficiencia.
d) En aplicación del principio de seguridad jurídica.

37. Las Administraciones Públicas, en el ámbito de sus competencias, publicarán:

a) Los documentos que, conforme a la legislación sectorial vigente, deban ser sometidos a un período de información pública durante su tramitación.
b) Las directrices, instrucciones, acuerdos, circulares o respuestas a consultas planteadas por los particulares u otros órganos en la medida en que supongan una interpretación del Derecho o tengan efectos jurídicos.
c) Los anteproyectos de ley y los proyectos de decretos legislativos cuya iniciativa les corresponda, cuando se soliciten los dictámenes a los órganos consultivos correspondientes.
d) Todas las respuestas anteriores son correctas.

38. ¿Con qué periodicidad, las Administraciones Públicas harán público un Plan Normativo que contendrá las iniciativas legales o reglamentarias que vayan a ser elevadas para su aprobación en el año siguiente?

a) Anualmente.
b) Semestralmente.
c) Trimestralmente.
d) Mensualmente.

39. Por razón del sujeto que los dicta, los Reglamentos podrán ser:

a) Públicos y privados.
b) Únicos y múltiples.
c) Estatales, autonómicos, locales e institucionales.
d) Políticos e institucionales.

40. ¿Cómo se denominan los Reglamentos dictados por las Autoridades administrativas en caso de emergencia?

a) Reglamentos excepcionales.
b) Reglamentos de necesidad.
c) Reglamentos *contra legem*.
d) Las respuestas b) y c) son correctas.

41. Los Reglamentos tienen el límite formal de que han de ser elaborados siguiendo el procedimiento establecido al respecto, so pena de:

a) Anulabilidad.
b) Nulidad.
c) Ilegitimidad.
d) Irregularidad.

42. ¿Cómo se denominan los Reglamentos que agotan su eficacia en el ámbito de la propia Administración, sin que regulen o repercutan en relaciones entre esta y los particulares o entre los Entes Públicos?

a) Internos.
b) Propios.
c) Simples.
d) Únicos.

43. El Código Penal, aprobado por la Ley Orgánica 10/1995, de 23 de noviembre, establece en su artículo 506 que la autoridad o funcionario público que, careciendo de atribuciones para ello, dictare una disposición general o suspendiere su ejecución, será castigado con la pena de:

a) Multa de seis a doce meses.
b) Prisión de uno a tres años.

c) Multa de seis a doce meses e inhabilitación especial para empleo o cargo público por tiempo de seis a doce años.

d) Prisión de uno a tres años, multa de seis a doce meses e inhabilitación especial para empleo o cargo público por tiempo de seis a doce años.

44. Indica cuál de las siguientes es una fuente indirecta del Derecho Administrativo:

a) La costumbre.
b) Los Reglamentos.
c) Los Tratados Internacionales.
d) Las leyes ordinarias.

45. ¿De qué plazo dispone el Rey para sancionar las leyes aprobadas por las Cortes Generales?

a) De un mes.
b) De veinte días.
c) De quince días.
d) De siete días.

46. A tenor del artículo 81.1.º CE, son leyes orgánicas:

a) Las que regulen el régimen electoral general.
b) Las relativas al desarrollo de los derechos fundamentales y de las libertades públicas.
c) Las que aprueben los Estatutos de Autonomía.
d) Todas las respuestas son correctas.

47. ¿Cómo se denominan las leyes por las que las Cortes Generales, en materia de competencia estatal, pueden atribuir a todas o a alguna de las Comunidades Autónomas la facultad de dictar, para sí mismas, normas legislativas en el marco de los principios, bases y directrices fijados por una ley estatal?

a) Leyes de armonización.
b) Decretos leyes.
c) Leyes marco.
d) Decretos legislativos.

48. Los Reglamentos de las Cámaras prevén la posibilidad de seguir un procedimiento de urgencia, a iniciativa:

a) Del Gobierno.
b) De dos Grupos Parlamentarios.
c) De una quinta parte de los Diputados.
d) Todas las respuestas son correctas.

49. ¿Quién coordina el Plan Anual Normativo, con el objeto de asegurar la congruencia de todas las iniciativas que se tramiten y de evitar sucesivas modificaciones del régimen legal aplicable a un determinado sector o área de actividad en un corto espacio de tiempo?

a) El Presidente del Gobierno.
b) El Ministerio de la Presidencia, Justicia y Relaciones con las Cortes.
c) El Ministerio del Interior.
d) El Vicepresidente del Gobierno.

50. El artículo 97 CE confiere la potestad reglamentaria, genérica y expresamente:

a) Al Gobierno.
b) Al Estado.
c) Al Estado Central y al Estado de las Autonomías.
d) A la Administración Pública.

51. En el ejercicio de la iniciativa legislativa y la potestad reglamentaria, las Administraciones Públicas actuarán de acuerdo con los principios de:

a) Legalidad, necesidad, igualdad, transparencia, y eficiencia.
b) Necesidad, eficacia, proporcionalidad, justicia y buena fe.
c) Necesidad, eficacia, proporcionalidad, seguridad jurídica, transparencia, y eficiencia.
d) Buena fe, igualdad, proporcionalidad, eficacia y eficiencia.

52. Una vez aprobado, el Plan Anual Normativo se publicará en:

a) El BOE.
b) El BOE y en el Boletín Oficial de las CCAA.
c) El Portal de la Transparencia de la Administración Pública correspondiente.
d) Un diario nacional de tirada diaria.

53. A tenor del artículo 9.3.º de la Constitución Española, ¿cuál de los siguientes no es uno de los principios que garantiza nuestra Carta Magna?

a) La interdicción de la arbitrariedad de los poderes públicos.
b) La jerarquía normativa.
c) La retroactividad de las disposiciones sancionadoras no favorables o restrictivas de derechos individuales.
d) La publicidad de las normas.

54. Los Reglamentos o disposiciones ministeriales son, respecto al Derecho Administrativo, una fuente:

a) Directa.
b) Directa subsidiaria.

c) Indirecta.
d) No se consideran fuente del Derecho Administrativo.

55. La costumbre es, respecto al Derecho Administrativo, una fuente:

a) Directa.
b) Directa subsidiaria.
c) Indirecta.
d) No se considera fuente del Derecho Administrativo.

56. La Constitución Española prevé la necesariedad de ley orgánica en la regulación de:

a) Las dudas, renuncias, etc., respecto a la sucesión en la Corona.
b) Las bases de la organización militar.
c) La iniciativa popular legislativa.
d) Todas las respuestas son correctas.

57. Según dispone el artículo 2.1 del Código Civil, las leyes entrarán en vigor, si en ellas no se dispone otra cosa:

a) A los siete días de su completa publicación en el Boletín Oficial del Estado.
b) A los diez días de su completa publicación en el Boletín Oficial del Estado.
c) A los quince días de su completa publicación en el Boletín Oficial del Estado.
d) A los veinte días de su completa publicación en el Boletín Oficial del Estado.

58. De acuerdo con lo previsto en la Constitución, los Estatutos de Autonomía y la Ley 7/1985, de 2 de abril, reguladora de las Bases del Régimen Local, el ejercicio de la potestad reglamentaria corresponde:

a) A los órganos de Gobierno de las Comunidades Autónomas.
b) Al Gobierno de la Nación.
c) A los órganos de gobierno locales.
d) Todas las respuestas son correctas.

59. ¿En virtud de qué dos principios, la iniciativa normativa debe estar justifica-da por una razón de interés general, basarse en una identificación clara de los fines perseguidos y ser el instrumento más adecuado para garantizar su consecución?

a) Legalidad y seguridad jurídica.
b) Necesidad y eficacia.
c) Igualdad y publicidad.
d) Necesidad y seguridad jurídica.

60. Con carácter previo a la elaboración del proyecto o anteproyecto de ley o de Reglamento, se sustanciará una consulta pública, a través del portal web de la Administración competente en la que se recabará la opinión de los sujetos y de las organizaciones más representativas potencialmente afectados por la futura norma acerca de:

a) Los objetivos de la norma.
b) Los problemas que se pretenden solucionar con la iniciativa.
c) Las posibles soluciones alternativas regulatorias y no regulatorias.
d) Todas las respuestas son correctas.

61. ¿Cómo se denominan los Reglamentos que contienen normas de Derecho objetivo referidas a los particulares y, como tales, son necesariamente complementarios de la ley, no pueden por sí solos originar obligaciones o deberes de supremacía general para los súbditos, requiriendo una ley que les habilite para ello:

a) Reglamentos externos.
b) Reglamentos necesarios.
c) Reglamentos limitados.
d) Reglamentos simples.

62. Señala, respecto a los Reglamentos, la respuesta incorrecta:

a) Los Reglamentos independientes no deben limitar derechos subjetivos ni situaciones jurídicas adquiridas por los particulares.
b) En general, los Reglamentos no deben regular cuestiones que, por su naturaleza, pertenezcan al campo jurídico–público.
c) Los Reglamentos no pueden derogar ni modificar el contenido de leyes formales, decretos leyes, decretos legislativos, ni de otros Reglamentos dictados por Autoridad u órgano de mayor jerarquía.
d) Los Reglamentos que, en ejecución de ley anterior, y haciendo uso de la autorización que en ella se contenga, pueden limitar derechos a particulares, no deben extenderse a materias distintas de las de la ley de autorización.

63. Según la doctrina, el Derecho Administrativo, en cuanto se dirige a la regulación de las singulares especies de sujetos que se agrupan bajo el nombre de Administraciones Públicas, sustrayendo a estos sujetos singulares del Derecho Común, es un Derecho de naturaleza:

a) Singular.
b) Estatutaria.
c) Especial.
d) Institucional.

64. En el ámbito de las fuentes del Derecho, norma normarum o norma jurídica fundamental, es:

a) La ley.
b) La Constitución.
c) La ley orgánica.
d) La costumbre.

65. Nuestra CE ha previsto dos tipos de normas del Ejecutivo con fuerza de ley:

a) Los reales decretos legislativos y los reales decretos orgánicos.
b) Las leyes ordinarias y las leyes orgánicas.
c) Los decretos y los decretos legislativos.
d) El Ejecutivo no puede dictar normas con fuerza de ley.

Solución al test n.º 4

1. b) La Jurisprudencia.

2. a) Directa.

3. c) Al Estado y las Comunidades Autónomas.

4. a) Al Rey.

5. c) Leyes marco.

6. c) Quince días.

7. a) El Rey.

8. d) Disposiciones del Gobierno que contienen legislación delegada.

9. d) Decreto ley.

10. c) Al Congreso de los Diputados.

11. b) Un máximo de 3 miembros de la Asamblea.

12. c) Una ley orgánica.

13. b) 500.000 firmas acreditadas.

14. d) Todas las anteriores son correctas.

15. c) Dos meses, a partir del día de la recepción del texto.

16. b) Veinte días naturales.

17. d) Necesidad, eficacia, proporcionalidad, seguridad jurídica, transparencia, y eficiencia.

18. a) En aplicación del principio de eficiencia.

19. a) En virtud de los principios de necesidad y eficacia.

20. b) Ejecutivos e Independientes.

21. d) Todas las respuestas son correctas.

22. a) El 20 % de los vecinos del Municipio.

23. c) Nueve meses, prorrogable por otros tres meses más

24. b) Los Principios Generales del Derecho.

25. c) El Tribunal Supremo.

26. b) Al Ministro de la Presidencia, Justicia y Relaciones con las Cortes.

27. a) El 30 de abril.

28. b) Decretos leyes.

29. a) Los treinta días siguientes a su promulgación.

30. c) Decretos legislativos.

31. d) Todas las respuestas son correctas.

32. c) Por su contenido, son normas de Derecho subjetivo, de rango inferior al de las leyes.

33. c) En aplicación del principio de eficiencia.

34. a) Reglamentos Ejecutivos y Reglamentos Independientes.

35. d) Todas las respuestas son correctas.

36. a) En aplicación del principio de transparencia.

37. d) Todas las respuestas anteriores son correctas.

38. a) Anualmente.

39. c) Estatales, autonómicos, locales e institucionales.

40. d) Las respuestas b) y c) son correctas.

41. b) Nulidad.

42. a) Internos.

43. d) Prisión de uno a tres años, multa de seis a doce meses e inhabilitación especial para empleo o cargo público por tiempo de seis a doce años.

44. c) Los Tratados Internacionales.

45. c) De quince días.

46. d) Todas las respuestas son correctas.

47. c) Leyes marco.

48. d) Todas las respuestas son correctas.

49. b) El Ministerio de la Presidencia, Justicia y Relaciones con las Cortes.

50. a) Al Gobierno.

51. c) Necesidad, eficacia, proporcionalidad, seguridad jurídica, transparencia, y eficiencia.

52. c) El Portal de la Transparencia de la Administración Pública correspondiente.

53. c) La retroactividad de las disposiciones sancionadoras no favorables o restrictivas de derechos individuales.

54. a) Directa.

55. b) Directa subsidiaria.

56. d) Todas las respuestas son correctas.

57. d) A los veinte días de su completa publicación en el Boletín Oficial del Estado.

58. d) Todas las respuestas son correctas.

59. b) Necesidad y eficacia.

60. d) Todas las respuestas son correctas.

61. a) Reglamentos externos.

62. b) En general, los Reglamentos no deben regular cuestiones que, por su naturaleza, pertenezcan al campo jurídico–público.

63. b) Estatutaria.

64. b) La Constitución.

65. c) Los decretos leyes y los decretos legislativos.

TEST N.º 5

Real Decreto Legislativo 2/2004, de 5 de marzo, por el que se aprueba el Texto refundido de la Ley Reguladora de las Haciendas Locales. Ingresos de las Entidades Locales: conceptos generales

1. La principal fuente de financiación de las Haciendas Locales son los/las:

a) Créditos obtenidos de las instituciones financieras.
b) Ingresos de Derecho Privado.
c) Tributos propios.
d) Prestaciones personales de los vecinos.

2. Nuestra vigente Constitución, respecto de las Haciendas Locales, consagra el principio de:

a) Autodeterminación.
b) Suficiencia.
c) Autonomía.
d) Dependencia del Estado.

3. Para alcanzar el principio de suficiencia, en relación con los tributos del Estado y de las Comunidades Autónomas, las Haciendas Locales:

a) Se encargarán de gestionarlos y recaudarlos.
b) Percibirán las cantidades abonadas por los mismos.
c) Participarán de los resultados de dichos tributos.
d) Determinarán cuáles se implantan en el respectivo territorio de la Entidad Local de que se trate.

4. En cualquier caso, los recursos con que cuenten las Haciendas Locales:

a) Han de ser suficientes para el cumplimiento de los fines de las Entidades Locales.
b) Deben tener carácter tributario.
c) Solo deben gestionarse por las propias Haciendas Locales.
d) Todo lo anterior es correcto.

5. Los recursos con que cuenten las Haciendas Locales han de estar previstos, previa y originariamente, en un/una:

a) Ley ordinaria de las Cortes Generales.
b) Ley de los Parlamentos Autonómicos.
c) Ordenanza Fiscal de la propia Entidad.
d) Reglamento de carácter general.

6. Es una figura tributaria un/una:

a) Precio público.
b) Operación de crédito.
c) Tasa.
d) Subvención.

7. Es una figura tributaria un/una:

a) Precio público.
b) Subvención.
c) Multa.
d) Contribución especial.

8. La potestad tributaria de las Entidades Locales:

a) No tiene base legal alguna.
b) Es de carácter derivado o secundario.
c) En su territorio, tiene mayor valor que la propia del Estado.
d) La tienen reservada para la creación de sus propios tributos.

9. En cuanto a la posibilidad de dictar las Entidades Locales normas reglamentarias en materia tributaria:

a) Se manifiesta a través de Reglamentos Generales de Recaudación.
b) Se realiza mediante Bandos de los Alcaldes.
c) No se le reconoce legalmente.
d) Es requisito *sine qua non* para que puedan exigir sus tributos.

10. La figura a través de la cual se realiza dicha normación en esta materia por una Entidad Local es un/una:

a) Ley.
b) Ordenanza Fiscal.
c) Reglamento General.
d) Bando.

11. Respecto de los tributos previamente creados por una ley estatal como propios de las Entidades Locales, estas tienen:

a) Autonomía para establecerlos y exigirlos.
b) Que delegar en el Estado su gestión y recaudación.
c) Actuar al dictado de lo que señalen las Comunidades Autónomas respectivas.
d) Que ceder su aprovechamiento al propio Estado.

12. En relación con la gestión, recaudación e inspección de sus tributos propios, las Entidades Locales pueden:

a) Descentralizarlas en Entidades inferiores.
b) Concederlas a un particular o una empresa privada con personalidad jurídica.
c) Desconcentrarlas en otra Administración Pública.
d) Delegarlas en una Entidad Local de ámbito superior.

13. En relación con la gestión, recaudación e inspección de sus tributos propios y en relación con el Estado, las Entidades Locales pueden:

a) Desconcentrarle las competencias.
b) Descentralizarle las mismas.
c) Establecer mecanismos de colaboración.
d) Delegarle estas competencias.

14. En defecto de su legislación específica, debe aplicarse en esta materia la ley:

a) General Presupuestaria.
b) De Presupuestos Generales del Estado de cada año.
c) Del Procedimiento Administrativo Común de las Administraciones Públicas.
d) General Tributaria.

15. Tienen carácter privado los ingresos procedentes del/de los:

a) Tributos en general.
b) Tributos del Estado.
c) Patrimonio.
d) Precios públicos.

16. Para la cobranza de sus tributos, las Entidades Locales:

a) No gozan de privilegios o prerrogativas.
b) Tienen los propios del Estado.
c) Han de utilizar los servicios propios del Estado.
d) Deben constituir Entidades de Crédito.

17. Los ingresos que procedan de los bienes de dominio público local tienen la consideración de:

a) Derecho Público.
b) Derecho Privado.
c) Tributos en cualquier caso.
d) Atípicos.

18. En cambio, los rendimientos derivados del patrimonio de las Entidades Locales se consideran ingresos de:

a) Derecho Público.
b) Derecho Privado.
c) Carácter tributario.
d) Carácter excepcional.

19. Una condición para considerar de carácter privado los ingresos derivados de un derecho real en favor de una Entidad es que:

a) Sean tributarios.
b) Dicho derecho real no se halle afecto a un uso o servicio público.
c) No posea este tipo de derecho la susceptibilidad de valoración económica.
d) Todo lo anterior es correcto.

20. La adquisición de un bien donado por un particular se considera, a estos efectos:

a) Ingreso de dominio público local.
b) Ingreso de Derecho Público.
c) Ingreso de Derecho Privado.
d) Contribución especial.

21. Lo que abona un particular por la prestación de un servicio público que le afecta o beneficia, siendo de recepción obligatoria, es un/una:

a) Impuesto.
b) Contribución especial.
c) Tasa.
d) Precio público.

22. Si dicho servicio público no fuera de recepción obligatoria, el particular abonaría un/una:

a) Impuesto.
b) Contribución especial.
c) Tasa.
d) Precio público.

23. En los Municipios de gran población, el titular del órgano de gestión presupuestaria puede ser:

a) Un miembro de la Corporación.
b) Un funcionario de Administración Local con Habilitación de carácter Nacional necesariamente.
c) Un funcionario de la propia Corporación.
d) Ninguno de los anteriores.

24. La Intervención General Municipal, en los Municipios de gran población, ejerce las funciones de:

a) Control y fiscalización interna de la gestión económico-financiera y presupuestaria.
b) Contabilidad.
c) Tesorería.
d) Todas las anteriores son ejercidas por la misma.

25. Cuando una Entidad Local realiza una obra pública, en virtud de la cual un ciudadano experimenta en sus bienes un incremento de valor, puede exigirle el pago de un/una:

a) Impuesto.
b) Contribución especial.
c) Tasa.
d) Precio público.

26. En dicho supuesto, la recaudación que se obtenga se destinará a:

a) Sufragar obras de beneficencia.
b) Pagar los gastos de la obra.
c) Incrementar los fondos de la Caja de la Corporación.
d) Cualquiera de las anteriores finalidades.

27. Es de carácter obligatorio su establecimiento y exigencia, para los Ayuntamientos, el Impuesto sobre:

a) El Incremento de Valor de los Terrenos de Naturaleza Urbana.
b) Circulación de Vehículos.
c) Construcciones, Instalaciones y Obras.
d) Vehículos de Tracción Mecánica.

28. Es de carácter obligatorio su establecimiento y exigencia, para los Ayuntamientos, el Impuesto sobre:

a) La Radicación.
b) Actividades Económicas.

c) Construcciones, Instalaciones y Obras.
d) El Incremento de Valor de los Terrenos de Naturaleza Urbana.

29. En cambio, es potestativo para el Ayuntamiento el establecimiento y exigencia del Impuesto sobre:

a) Actividades Económicas.
b) Vehículos de Tracción Mecánica.
c) Construcciones, Instalaciones y Obras.
d) Bienes Inmuebles.

30. Los vehículos gravados por el Impuesto sobre Vehículos de Tracción Mecánica, han de:

a) Pertenecer a una Administración Pública como regla general.
b) Ser aptos para circular por vías públicas.
c) Ser destinados a su circulación exclusiva por vías privadas.
d) Las respuestas b) y c) son ciertas.

31. La figura impositiva que ha sustituido al desaparecido Impuesto Municipal de Solares es el Impuesto sobre:

a) Construcciones, Instalaciones y Obras.
b) Actividades Económicas.
c) Incremento de Valor de los Terrenos de Naturaleza Urbana.
d) Bienes Inmuebles.

32. La figura impositiva que ha sustituido al Impuesto Municipal sobre la Radicación es el Impuesto sobre:

a) Bienes Inmuebles.
b) Actividades Económicas.
c) Construcciones, Instalaciones y Obras.
d) Ninguno de los anteriores.

33. Los beneficios fiscales en los tributos locales han de estar reconocidos originariamente:

a) Por el Pleno de la Corporación.
b) En norma con rango de ley.
c) En la correspondiente Ordenanza Fiscal.
d) En la Ley General Tributaria.

34. Tiene el carácter de tributo indirecto el Impuesto sobre:

a) Actividades Económicas.
b) Incremento de Valor de los Terrenos de Naturaleza Urbana.

c) Construcciones, Instalaciones y Obras.
d) Vehículos de Tracción Mecánica.

35. En el Impuesto sobre el Incremento de Valor de los Terrenos de Naturaleza Urbana:

a) Se paga dicho incremento por la mera posesión de dichos bienes, unida al transcurso de los años.
b) El citado incremento ha de ponerse de manifiesto, por ejemplo, al transmitirse la propiedad del bien de que se trate.
c) Se grava cualquier terreno, al margen de su clasificación y calificación urbanística.
d) El incremento de que se trata ha de revertir a la colectividad en su integridad.

36. Respecto de las Áreas Metropolitanas está previsto el establecimiento de recargos sobre el siguiente Impuesto:

a) Construcciones, Instalaciones y Obras.
b) Actividades Económicas.
c) Incremento de Valor de los Terrenos de Naturaleza Urbana.
d) Bienes Inmuebles.

37. En relación con algún tributo de una Entidad Local, hay una previsión legal de establecimiento por otra Entidad de este tipo de un/una:

a) Impuesto.
b) Participación.
c) Recargo.
d) Precio Público.

38. Las operaciones de crédito a que pueden acudir las Entidades Locales no pueden instrumentarse a través de:

a) Hipotecas sobre los bienes patrimoniales de la Entidad.
b) Emisión de Deuda Pública.
c) Sustitución total o parcial de una operación de crédito preexistente.
d) Las respuestas a) y c) son ciertas.

39. Las operaciones de crédito a que pueden acudir las Entidades Locales han de ser:

a) A medio y largo plazo.
b) A corto y largo plazo.
c) Destinado a obras de mantenimiento.
d) Concertado necesariamente con Entidades Públicas.

40. Por el aprovechamiento especial del dominio público las Entidades Locales han de exigir un/una:

a) Contribución especial.
b) Precio público.

c) Tasa.
d) Prestación personal.

41. De los siguientes ingresos, han de destinarse precisamente a los fines por los que se establecen:

a) Los impuestos.
b) Las subvenciones.
c) Las contribuciones especiales.
d) Las respuestas b) y c) son ciertas.

42. El recurso de reposición contra una Ordenanza Fiscal:

a) Ha de interponerse a partir de su publicación en el Boletín Oficial de la Provincia o, en su caso, de la Comunidad Autónoma uniprovincial.
b) Puede interponerse desde el momento mismo de la aprobación definitiva de dicha Ordenanza.
c) Ha de basarse en las alegaciones efectuadas en el período de información pública habido en la tramitación de dicha Ordenanza.
d) Es inadmisible.

43. El recurso de reposición, en relación con los actos sobre aplicación y efectividad de un tributo local, en un Municipio de régimen común, es:

a) Inadmisible.
b) Potestativo para el particular.
c) Obligatorio.
d) El único posible en vía administrativa.

44. El ejercicio de la potestad de revisión de los actos dictados en vía de gestión tributaria se reserva al/a la:

a) Jurisdicción Contencioso-Administrativa.
b) Pleno de la Corporación.
c) Presidente de la Corporación.
d) Tribunal Económico-Administrativo competente.

45. Para que pueda producirse una compensación de deudas de una Entidad Local:

a) Ha de tenerla con un particular necesariamente.
b) Debe estar pendiente de exigirse.
c) No ha de haberse liquidado, produciéndose esta liquidación al efectuar dicha compensación.
d) Nada de lo anterior es correcto.

Solución al test n.º 5

1. c) Tributos propios.

2. b) Suficiencia.

3. c) Participarán de los resultados de dichos tributos.

4. a) Han de ser suficientes para el cumplimiento de los fines de las Entidades Locales.

5. a) Ley ordinaria de las Cortes Generales.

6. c) Tasa.

7. d) Contribución especial.

8. b) Es de carácter derivado o secundario.

9. d) Es requisito sine qua non para que puedan exigir sus tributos.

10. b) Ordenanza Fiscal.

11. a) Autonomía para establecerlos y exigirlos.

12. d) Delegarlas en una Entidad Local de ámbito superior.

13. c) Establecer mecanismos de colaboración.

14. d) General Tributaria.

15. c) Patrimonio.

16. b) Tienen los propios del Estado.

17. a) Derecho Público.

18. b) Derecho Privado.

19. b) Dicho derecho real no se halle afecto a un uso o servicio público.

20. c) Ingreso de Derecho Privado.

21. c) Tasa.

22. d) Precio público.

23. c) Un funcionario de la propia Corporación.

24. a) Control y fiscalización interna de la gestión económico-financiera y presupuestaria.

25. b) Contribución especial.

26. b) Pagar los gastos de la obra.

27. d) Vehículos de Tracción Mecánica.

28. b) Actividades Económicas.

29. c) Construcciones, Instalaciones y Obras.

30. b) Ser aptos para circular por vías públicas

31. d) Bienes Inmuebles.

32. b) Actividades Económicas.

33. b) En norma con rango de ley.

34. c) Construcciones, Instalaciones y Obras.

35. b) El citado incremento ha de ponerse de manifiesto, por ejemplo, al transmitirse la propiedad del bien de que se trate.

36. d) Bienes Inmuebles.

37. c) Recargo.

38. a) Hipotecas sobre los bienes patrimoniales de la Entidad.

39. b) A corto y largo plazo.

40. c) Tasa.

41. d) Las respuestas b) y c) son ciertas.

42. d) Es inadmisible.

43. d) El único posible en vía administrativa.

44. b) Pleno de la Corporación.

45. d) Nada de lo anterior es correcto.

MATERIAS ESPECÍFICAS

TEST N.º 1

La Ley 39/2015, de 1 de octubre, del Procedimiento Administrativo Común de las Administraciones Públicas (I): De los actos administrativos. Motivación. Forma. Eficacia de los actos

1. Los actos administrativos que dicten las Administraciones Públicas:

a) Se producirán por el órgano competente.
b) Su contenido se ajustará a lo dispuesto por el ordenamiento jurídico.
c) Se ajustarán a los requisitos y procedimiento establecido.
d) Todas son correctas.

2. ¿Qué acuerdos deben ser motivados, según indica el artículo 35 de la Ley 39/2015?

a) Acuerdo de aplicación de la tramitación de urgencia.
b) Acuerdo que acepte pruebas propuestas por los interesados.
c) Acuerdos que inicien el procedimiento.
d) Todas son correctas.

3. Serán motivados, con sucinta referencia de hechos y fundamentos de derecho:

a) Las propuestas de resolución en los procedimientos administrativos comunes.
b) Los actos que acuerden la caducidad del procedimiento.
c) Los actos que no se separen del criterio seguido en actuaciones precedentes.
d) Ninguno de los anteriores, debe ser motivado.

4. Los actos administrativos se producirán:

a) En todo caso por escrito.
b) Por escrito, a través de medios electrónicos.
c) Por escrito, a través de medios electrónicos, a menos que su naturaleza exija otra forma más adecuada de expresión y constancia.
d) Tal y como indica el artículo 34 de la Ley 39/2015.

5. En los casos en que los órganos administrativos ejerzan su competencia de forma verbal, indica el artículo 36 de la Ley 39/2015:

a) El acto será nulo.

b) El acto adolece de vicio o irregularidad.

c) La constancia escrita del acto, será en todo caso necesaria.

d) La constancia escrita del acto, cuando sea necesaria, se efectuará y firmará por el titular del órgano inferior o funcionario que la reciba oralmente.

6. Una resolución administrativa de carácter particular:

a) Puede vulnerar lo establecido en una disposición de carácter general si esta procede de un órgano superior al que dictó la disposición general.

b) No puede vulnerar lo establecido en una disposición de carácter general, aunque aquellas procedan de un órgano de igual o superior jerarquía al que dictó la disposición general.

c) No puede vulnerar lo establecido en una disposición de carácter general, salvo disposición legal en contrario.

d) No puede vulnerar lo establecido en una disposición de carácter general, salvo por razones de interés general.

7. Los actos de las Administraciones Públicas sujetos al Derecho Administrativo serán ejecutivos, según indica el artículo 38 de la Ley 39/2015:

a) Con arreglo a nuestro ordenamiento jurídico.

b) Con arreglo a lo establecido reglamentariamente.

c) Con arreglo a lo dispuesto en la Ley 39 y 40/2015.

d) Con arreglo a lo dispuesto en la Ley 39/2015.

8. Un acto de la Administración Pública sujeto al Derecho Administrativo se presume válido y produce efectos:

a) En todo caso.

b) Desde la fecha en que se dicte.

c) Desde la fecha en que se dicte, salvo que en él se disponga otra cosa.

d) Desde el día siguiente a la fecha en que se dicte.

9. ¿En qué casos la eficacia de un acto puede quedar demorada?

a) En ninguno.

b) Cuando así lo exija el contenido del acto.

c) Cuando esté supeditada a su notificación, publicación o aprobación superior.

d) Son correctas b) y c).

10. ¿Puede otorgarse eficacia retroactiva a los actos?

a) No, en ningún caso.

b) Sí, solo en el caso de producir efectos favorables al interesado.

c) Sí, excepcionalmente, en los casos establecidos en el artículo 39 de la Ley 39/2015.
d) Sí, solo en el caso de sustituir un acto nulo.

11. Toda notificación deberá ser cursada:

a) En el plazo de diez días hábiles a partir de la fecha en que el acto haya sido dictado.
b) Dentro del plazo de diez días hábiles a partir de la fecha en que el acto haya sido dictado.
c) En un plazo mínimo de diez días a partir de la fecha en que el acto haya sido dictado.
d) Ninguna es correcta.

12. Indica el artículo 41 de la Ley 39/2015, que las notificaciones se practicarán por medios electrónicos:

a) Siempre.
b) En todo caso.
c) Preferentemente.
d) Únicamente.

13. Las Administraciones podrán practicar las notificaciones por medios no electrónicos en los siguientes supuestos:

a) Cuando la notificación se realice con ocasión de la comparecencia espontánea del interesado o su representante en las oficinas de asistencia en materia de registro y solicite la comunicación o notificación personal en ese momento.
b) Cuando para asegurar la eficacia de la actuación administrativa resulte necesario practicar la notificación por entrega directa de un empleado público de la Administración notificante.
c) Cuando la notificación contenga medios de pago a favor de los obligados.
d) Todas son correctas.

14. ¿Qué ocurre si se notifica al interesado por distintos cauces?

a) Se anula la notificación.
b) Se toma como fecha de notificación aquella realizada por medios electrónicos.
c) Se toma como válida la notificación efectuada en papel.
d) Se toma como fecha de notificación la de aquella que se hubiera producida en primer lugar.

15. Cuando el interesado accediera al contenido de la notificación en sede electrónica:

a) Debe realizar el resto de notificaciones a través de medios electrónicos.
b) Se le ofrecerá la posibilidad de que el resto de notificaciones se puedan realizar a través de medios electrónicos.
c) Debe ser en todo caso, persona jurídica.
d) Ninguna es correcta.

16. ¿Cuándo se entiende practicada una notificación por medios electrónicos?

a) Cuando se envía el aviso al dispositivo electrónico y/o dirección de correo electrónico del interesado.
b) Al día siguiente del acceso al contenido.
c) En el momento en que se produzca el acceso a su contenido.
d) Ninguna es correcta.

17. Cuando la notificación por medios electrónicos sea de carácter obligatorio, o haya sido expresamente elegida por el interesado, se entenderá rechazada:

a) Cuando hayan transcurrido diez días hábiles desde la puesta a disposición de la notificación sin que se acceda a su contenido.
b) Cuando hayan transcurrido diez días naturales desde la puesta a disposición de la notificación aun accediendo a su contenido.
c) Cuando hayan transcurrido un mínimo de diez días desde la puesta a disposición de la notificación sin que se acceda a su contenido.
d) Cuando hayan transcurrido diez días naturales desde la puesta a disposición de la notificación sin que se acceda a su contenido.

18. En los casos de notificación infructuosa, indica el artículo 44 de la Ley 39/2015 que:

a) Es obligatoria la publicación del anuncio en el Boletín Oficial de la Comunidad Autónoma o de la Provincia.
b) Cuando los interesados en un procedimiento sean desconocidos, se ignore el lugar de la notificación o bien, intentada ésta, no se hubiese podido practicar, la notificación se hará por medio de un anuncio publicado en el Boletín Oficial de la Comunidad Autónoma o de la Provincia.
c) La publicación del anuncio en el Boletín Oficial de la Comunidad Autónoma o de la Provincia, es previa a la notificación del anuncio en el Boletín Oficial del Estado y tiene carácter facultativo.
d) Ninguna es correcta.

19. Según el artículo 35.1 de la LPACAP, deberán ser motivados, con sucinta referencia a hechos y fundamentos de derecho:

a) Los actos que se mantengan en el criterio seguido en actuaciones precedentes o en el dictamen de órganos consultivos.
b) Los actos que acepten pruebas propuestas por los interesados.
c) Los actos que acuerden la terminación del procedimiento.
d) Los actos que limiten derechos subjetivos o intereses legítimos.

20. ¿Qué actos de los siguientes no están obligados a estar motivados, con sucinta referencia a hechos y fundamentos de Derecho?

a) Los actos que limiten derechos subjetivos o intereses legítimos.
b) Los que se basen en el criterio seguido en actuaciones precedentes o en el dictamen de órganos consultivos.

c) Los acuerdos de suspensión de actos, cualquiera que sea el motivo de esta.

d) Los acuerdos de aplicación de la tramitación de urgencia o de ampliación de plazos.

21. ¿Qué deberá contener toda notificación?

a) El texto íntegro de la resolución, la expresión de los recursos que procedan, el órgano ante el que hubieran de presentarse y el plazo para interponerlos.

b) El texto íntegro de la resolución, con indicación de si pone fin o no a la vía administrativa, la expresión de los recursos que procedan, en su caso, en vía administrativa y judicial, el órgano ante el que hubieran de presentarse y el plazo para interponerlos.

c) Como mínimo el texto íntegro de la resolución, con indicación de si pone fin o no a la vía administrativa, y el plazo para interponerlos.

d) Es suficiente con el texto íntegro de la resolución, el órgano ante el que hubieran de presentarse y el plazo para interponerlos.

22. Cuando la notificación se practique en el domicilio del interesado, de no hallarse presente éste en el momento de entregarse la notificación, podrá hacerse cargo de la misma:

a) Cualquier persona mayor de 14 años que se encuentre en el domicilio y haga constar su identidad.

b) Cualquier persona mayor de 16 años que se encuentre en el domicilio y haga constar su identidad.

c) Cualquier persona mayor de 18 años que se encuentre en el domicilio y haga constar su identidad.

d) Cualquier persona mayor de edad que se encuentre en el domicilio y haga constar su identidad.

23. Cuando la notificación se practique en el domicilio del interesado y nadie se hiciera cargo de la misma:

a) Se hará constar esta circunstancia en el expediente, junto con el día y la hora en que se intentó la notificación, intento que se repetirá dos veces máximo y en una hora distinta dentro de los tres días siguientes.

b) Se hará constar esta circunstancia en el expediente, junto con el día y la hora en que se intentó la notificación, intento que se repetirá por una sola vez y en una hora distinta dentro de los tres días siguientes.

c) Se hará constar esta circunstancia en el expediente, junto con el día y la hora en que se intentó la notificación, intento que se repetirá por una sola vez y en una hora distinta dentro de los siete días siguientes.

d) Se hará constar esta circunstancia en el expediente, junto con el día y la hora en que se intentó la notificación, intento que se repetirá por una sola vez y en una hora distinta dentro de los diez días siguientes.

Solución al test n.º 1

1. d) Todas son correctas.

2. a) Acuerdo de aplicación de la tramitación de urgencia.

3. d) Ninguno de los anteriores, debe ser motivado.

4. c) Por escrito, a través de medios electrónicos, a menos que su naturaleza exija otra forma más adecuada de expresión y constancia.

5. d) La constancia escrita del acto, cuando sea necesaria, se efectuará y firmará por el titular del órgano inferior o funcionario que la reciba oralmente.

6. b) No puede vulnerar lo establecido en una disposición de carácter general, aunque aquellas procedan de un órgano de igual o superior jerarquía al que dictó la disposición general.

7. d) Con arreglo a lo dispuesto en la Ley 39/2015.

8. c) Desde la fecha en que se dicte, salvo que en él se disponga otra cosa.

9. d) Son correctas b) y c).

10. c) Sí, excepcionalmente, en los casos establecidos en el artículo 39 de la Ley 39/2015.

11. b) Dentro del plazo de diez días hábiles a partir de la fecha en que el acto haya sido dictado.

12. c) Preferentemente.

13. d) Todas son correctas.

14. d) Se toma como fecha de notificación la de aquella que se hubiera producida en primer lugar.

15. b) Se le ofrecerá la posibilidad de que el resto de notificaciones se puedan realizar a través de medios electrónicos.

16. c) En el momento en que se produzca el acceso a su contenido.

17. d) Cuando hayan transcurrido diez días naturales desde la puesta a disposición de la notificación sin que se acceda a su contenido.

18. c) La publicación del anuncio en el Boletín Oficial de la Comunidad Autónoma o de la Provincia, es previa a la notificación del anuncio en el Boletín Oficial del Estado y tiene carácter facultativo.

19. d) Los actos que limiten derechos subjetivos o intereses legítimos.

20. b) Los que se basen en el criterio seguido en actuaciones precedentes o en el dictamen de órganos consultivos.

21. b) El texto íntegro de la resolución, con indicación de si pone fin o no a la vía administrativa, la expresión de los recursos que procedan, en su caso, en vía administrativa y judicial, el órgano ante el que hubieran de presentarse y el plazo para interponerlos.

22. a) Cualquier persona mayor de 14 años que se encuentre en el domicilio y haga constar su identidad.

23. b) Se hará constar esta circunstancia en el expediente, junto con el día y la hora en que se intentó la notificación, intento que se repetirá por una sola vez y en una hora distinta dentro de los tres días siguientes.

La Ley 39/2015, de 1 de octubre, del Procedimiento Administrativo Común de las Administraciones Públicas (II). Nulidad y anulabilidad. Términos y plazos. Obligación de resolver. El silencio administrativo. Ejecución de los actos en vía administrativa

1. Los actos de la Administración que incurran en cualquier infracción del ordenamiento jurídico, incluso la desviación de poder, según indica el artículo 48 de la Ley 39/2015:

a) Es un acto nulo.
b) Es un acto anulable.
c) Es inmediatamente ejecutivo.
d) No es válido.

2. La realización de actuaciones administrativas fuera del tiempo establecido para ellas implicará la anulabilidad del acto:

a) En todo caso.
b) Cuando así lo imponga la naturaleza del término o plazo.
c) Cuando así lo prevea una norma con rango de ley.
d) En ningún caso.

3. En relación con los límites a la extensión de la nulidad o anulabilidad de los actos, es cierto que:

a) La nulidad o anulabilidad en parte del acto administrativo implicará la de todo el mismo.
b) La nulidad o anulabilidad de un acto implicará la de los sucesivos en el procedimiento.
c) Los actos nulos o anulables que contengan los elementos constitutivos de otro distinto producirán también la nulidad o anulabilidad de este.
d) El órgano que declare la nulidad o anule las actuaciones dispondrá siempre la conservación de aquellos actos y trámites cuyo contenido se hubiera mantenido igual de no haberse cometido la infracción.

4. ¿Cuál es el plazo máximo fijado por la norma reguladora del correspondiente procedimiento en el que debe notificarse la resolución expresa?

a) El plazo no podrá exceder de un mes salvo que una norma con rango de Ley establezca uno mayor o así venga previsto en el Derecho de la Unión Europea.

b) El plazo no podrá exceder de dos meses salvo que una norma con rango de Ley establezca uno mayor o así venga previsto en el Derecho de la Unión Europea.

c) El plazo no podrá exceder de tres meses salvo que una norma con rango de Ley establezca uno mayor o así venga previsto en el Derecho de la Unión Europea.

d) El plazo no podrá exceder de seis meses salvo que una norma con rango de Ley establezca uno mayor o así venga previsto en el Derecho de la Unión Europea.

5. Señale la respuesta correcta respecto al cómputo de plazos:

a) Salvo que por Ley o en el Derecho de la Unión Europea se disponga otro cómputo, cuando los plazos se señalen por horas, se entiende que estas son naturales.

b) Siempre que por Ley o en el Derecho de la Unión Europea no se exprese otro cómputo, cuando los plazos se señalen por días, se entiende que estos son naturales, incluyéndose en el cómputo los sábados, los domingos y los declarados festivos.

c) Los plazos expresados en días se contarán desde el mismo día en que tenga lugar la notificación o publicación del acto de que se trate, o desde el siguiente a aquel en que se produzca la estimación o la desestimación por silencio administrativo.

d) Cuando un día fuese hábil en el municipio o Comunidad Autónoma en que residiese el interesado, e inhábil en la sede del órgano administrativo, o a la inversa, se considerará inhábil en todo caso.

6. Señale la respuesta incorrecta respecto al cómputo de los plazos:

a) Cuando los plazos se hayan señalado por días naturales por declararlo así una ley o por el Derecho de la Unión Europea, se hará constar esta circunstancia en las correspondientes notificaciones.

b) Cuando el último día del plazo sea inhábil, se entenderá prorrogado al primer día hábil siguiente.

c) Los plazos expresados por horas se contarán de hora en hora y de minuto en minuto desde la hora y minuto en que tenga lugar la notificación o publicación del acto de que se trate y no podrán tener una duración superior a veinticuatro horas, en cuyo caso se expresarán en días.

d) La declaración de un día como hábil o inhábil a efectos de cómputo de plazos determina por sí sola el funcionamiento de los centros de trabajo de las Administraciones Públicas, la organización del tiempo de trabajo así como el régimen de jornada y horarios de las mismas.

7. ¿En qué casos son nulos de pleno derecho los actos de las Administraciones Públicas?

a) Los dictados por órgano manifiestamente incompetente por razón de la materia o del territorio.

b) Los que tengan un contenido imposible.

c) Los actos expresos o presuntos contrarios al ordenamiento jurídico por los que se adquieren facultades o derechos cuando se carezca de los requisitos esenciales para su adquisición.

d) Todas son correctas.

8. Según el art. 39.1 de la LPACAP, los actos de las Administraciones Públicas sujetos al Derecho Administrativo:

a) Se presumen inválidos hasta que se revisen.

b) Se presumirán válidos y producirán efectos desde la fecha en que se dicten.

c) Solo producen efectos cuando se notifican.

d) Solo producen efectos tras su publicación oficial.

9. Cuando un acto administrativo presenta vicios o no se ajusta al ordenamiento jurídico pueden darse, entre otros, los siguientes supuestos:

a) Nulidad absoluta, anulabilidad e irregularidad.

b) Nulidad parcial, irregularidad y revisión.

c) Anulación judicial, irregularidad y suspensión.

d) Nulidad simple, suspensión y revisión.

10. Según la LPACAP, los actos de las Administraciones Públicas son nulos de pleno derecho cuando:

a) Infringen cualquier norma administrativa.

b) Tienen un contenido imposible.

c) Se dictan fuera de plazo.

d) Contienen errores materiales subsanables.

11. Conforme al art. 48.1 LPACAP, son anulables los actos de la Administración que:

a) Se dicten fuera de plazo.

b) Incurran en cualquier infracción del ordenamiento jurídico.

c) No hayan sido publicados.

d) No contengan firma electrónica.

12. El defecto de forma solo determinará la anulabilidad del acto cuando:

a) Lo solicite el interesado.

b) Exista error material en el expediente.

c) El acto carezca de requisitos formales indispensables o cause indefensión.

d) El acto se dicte fuera de plazo.

13. La irregularidad en un acto administrativo se produce cuando:

a) El acto es nulo de pleno derecho.

b) El acto es anulable por cualquier infracción.

c) Existe un vicio secundario que no invalida el acto.
d) El acto vulnera derechos fundamentales.

14. Según la LPACAP, la Administración podrá convalidar:

a) Los actos nulos de pleno derecho.
b) Los actos anulables.
c) Los actos inexistentes.
d) Los actos declarados ilegales por sentencia firme.

15. Según el art. 29 LPACAP, los términos y plazos establecidos:

a) Solo obligan a la Administración.
b) Solo obligan a los interesados.
c) Obligan tanto a la Administración como a los interesados.
d) Solo obligan a los tribunales.

16. Como regla general, cuando los plazos se señalan por días:

a) Se entienden naturales.
b) Se entienden hábiles, excluyéndose sábados, domingos y festivos.
c) Solo se excluyen domingos.
d) Se cuentan desde el mismo día de la notificación.

17. Cuando el último día del plazo sea inhábil:

a) El plazo se anula.
b) Se prorroga al primer día hábil siguiente.
c) Se reduce a la mitad.
d) Debe resolverse ese mismo día.

18. Según la LPACAP, la Administración está obligada a:

a) Dictar resolución expresa solo en procedimientos iniciados de oficio.
b) Dictar resolución expresa y notificarla en todos los procedimientos.
c) Resolver solo cuando lo solicite el interesado.
d) Resolver únicamente en procedimientos sancionadores.

19. Como regla general, en los procedimientos iniciados a solicitud del interesado, el silencio administrativo:

a) Tiene efecto estimatorio.
b) Tiene efecto desestimatorio.
c) No produce efectos jurídicos.
d) Produce la caducidad del procedimiento.

20. Entre los medios de ejecución forzosa de los actos administrativos se encuentra:

a) La revisión administrativa.
b) El apremio sobre el patrimonio.
c) La nulidad de pleno derecho.
d) El recurso contencioso-administrativo.

Solución al test n.º 2

1. b) Es un acto anulable.

2. b) Cuando así lo imponga la naturaleza del término o plazo.

3. d) El órgano que declare la nulidad o anule las actuaciones dispondrá siempre la conservación de aquellos actos y trámites cuyo contenido se hubiera mantenido igual de no haberse cometido la infracción.

4. d) El plazo no podrá exceder de seis meses salvo que una norma con rango de Ley establezca uno mayor o así venga previsto en el Derecho de la Unión Europea.

5. d) Cuando un día fuese hábil en el municipio o Comunidad Autónoma en que residiese el interesado, e inhábil en la sede del órgano administrativo, o a la inversa, se considerará inhábil en todo caso.

6. d) La declaración de un día como hábil o inhábil a efectos de cómputo de plazos determina por sí sola el funcionamiento de los centros de trabajo de las Administraciones Públicas, la organización del tiempo de trabajo así como el régimen de jornada y horarios de las mismas.

7. d) Todas son correctas.

8. b) Se presumirán válidos y producirán efectos desde la fecha en que se dicten.

9. a) Nulidad absoluta, anulabilidad e irregularidad.

10. b) Tienen un contenido imposible.

11. b) Incurran en cualquier infracción del ordenamiento jurídico.

12. c) El acto carezca de requisitos formales indispensables o cause indefensión.

13. c) Existe un vicio secundario que no invalida el acto.

14. b) Los actos anulables.

15. c) Obligan tanto a la Administración como a los interesados.

16. b) Se entienden hábiles, excluyéndose sábados, domingos y festivos.

17. b) Se prorroga al primer día hábil siguiente.

18. b) Dictar resolución expresa y notificarla en todos los procedimientos.

19. a) Tiene efecto estimatorio.

20. b) El apremio sobre el patrimonio.

TEST N.º 3

La Ley 39/2015, de 1 de octubre, del Procedimiento Administrativo Común de las Administraciones Públicas (III). Las personas ante la actividad de la Administración: derechos y obligaciones.
El interesado: concepto, capacidad de obrar y representación.
La identificación de los interesados y sus derechos en el procedimiento

1. El ejercicio de la acción popular es significativa de una participación:

a) Funcional.
b) Cooperativa.
c) Orgánica.
d) Obligatoria.

2. ¿Cómo se denomina al administrado que se encuentra respecto de la Administración en un estado de sujeción especial, es decir, especialmente vinculado a ella?

a) Administrado cualificado.
b) Administrado especial.
c) Administrado único.
d) Administrado activo.

3. Los actos jurídicos de los administrados por los cuales estos abdican de una titularidad jurídica que les corresponde, se denominan:

a) Desistimientos.
b) Renuncias.
c) Decaimientos.
d) Negativas.

4. En cuanto a su nacimiento, toda relación jurídico-administrativa tiene su punto de arranque en:

a) Un negocio jurídico.
b) Una disposición legal.

c) Un hecho o un acto.
d) Todas las respuestas son correctas.

5. ¿Cómo se denomina al administrado que se encuentra respecto de la Administración en un estado de sujeción general y que es tratado por la norma de una forma impersonal, siendo esta la posición normal?

a) Administrado general.
b) Administrado común.
c) Administrado simple.
d) Administrado pasivo.

6. ¿Cuál de las siguientes no es una característica de la relación jurídico-administrativa?

a) La Administración actúa normalmente como parte activa de la relación, es decir, ejercita en ella las potestades y prerrogativas que el ordenamiento jurídico le reconoce para el cumplimiento de sus fines.
b) La Administración ha de intervenir en tal relación como tal, y no como persona de Derecho Privado.
c) Esta relación está regulada por el Derecho Administrativo y el Derecho Civil.
d) Presencia en ella de la Administración, como sujeto de la relación, normalmente en el lado activo de la misma, junto al Administrado, que suele situarse en el lado pasivo.

7. La Constitución consagra el derecho de los ciudadanos a participar en los asuntos públicos, directamente o por medio de representantes libremente elegidos, en su artículo:

a) Veintitrés.
b) Veinticinco.
c) Treinta y cinco.
d) Cuarenta.

8. Cuando la Administración Pública no tenga por ciertos los hechos declarados por un interesado:

a) Abrirá un período de prueba.
b) Abrirá una información pública.
c) Le dará audiencia.
d) No los tendrá en cuenta.

9. La edad mínima para entablar por sí solo relaciones con la Administración Pública es de:

a) Dieciocho años.
b) Depende de los casos.
c) Veintiún años la mujer casada.
d) Dieciséis años.

10. Señala uno de los derechos que la Ley 39/2015, de 1 de octubre, del Procedimiento Administrativo Común de las Administraciones Públicas, reconoce a quienes tengan capacidad de obrar ante las Administraciones Públicas:

a) A la obtención y utilización de los medios de identificación y firma electrónica contemplados en la Ley 39/2015, de 1 de octubre.

b) A la protección de datos de carácter personal, y en particular a la seguridad y confidencialidad de los datos que figuren en los ficheros, sistemas y aplicaciones de las Administraciones Públicas.

c) A ser asistidos en el uso de medios electrónicos en sus relaciones con las Administraciones Públicas.

d) Todas las respuestas son correctas.

11. La Ley 39/2015, de 1 de octubre, del Procedimiento Administrativo Común de las Administraciones Públicas, reconoce a quienes tengan capacidad de obrar ante las Administraciones Públicas el derecho a comunicarse con las Administraciones Públicas a través de:

a) Un Punto de Acceso Rápido Telemático.

b) Un Punto Electrónico Central.

c) Un Punto Único Electrónico de contacto.

d) Un Punto de Acceso General electrónico de la Administración.

12. ¿Qué norma reguló el Esquema Nacional de Interoperabilidad?

a) La Ley 30/1992, de 26 de noviembre.

b) La Ley 11/2007, de 22 de junio.

c) El Real Decreto 4/2010, de 8 de enero.

d) El Real Decreto 12/2015, de 9 de abril.

13. A menos que la naturaleza del documento exija otra forma más adecuada de expresión y constancia, las Administraciones Públicas deberán emitir los documentos administrativos:

a) Preferiblemente de forma verbal.

b) Por escrito, a través de medios electrónicos.

c) Verbal o en su defecto por escrito.

d) De cualquier forma que deje constancia de su recepción.

14. Indica cuál de los siguientes documentos electrónicos emitidos por las Administraciones Públicas no requieren de firma electrónica, aunque sí precisan identificar su origen:

a) Los documentos que formen parte de un expediente administrativo.

b) Los documentos que se publiquen con carácter sancionador.

c) Los documentos que se publiquen con carácter meramente informativo.

d) Todos los documentos electrónicos emitidos por una Administración Pública requieren de firma electrónica.

15. Para ser considerados válidos, los documentos electrónicos deben cumplir, entre otros, con el siguiente requisito:

a) Incorporar una referencia temporal del momento en que han sido emitidos.

b) Incorporar los metadatos mínimos exigidos.

c) Disponer de los datos de identificación que permitan su individualización, sin perjuicio de su posible incorporación a un expediente electrónico.

d) Todas las respuestas son correctas.

16. ¿Cuándo podrán los interesados solicitar la expedición de copias auténticas de los documentos públicos administrativos que hayan sido válidamente emitidos por las Administraciones Públicas?

a) Únicamente en la fase de audiencia.

b) Solo en la fase de prueba.

c) Siempre antes de la resolución del expediente administrativo.

d) En cualquier momento.

17. La solicitud de copias auténticas de los documentos públicos administrativos que hayan sido válidamente emitidos por las Administraciones Públicas se dirigirá al órgano que emitió el documento original, debiendo expedirse, salvo las excepciones derivadas de la aplicación de la Ley 19/2013, de 9 de diciembre, en el plazo de:

a) Un mes a contar desde la recepción de la solicitud en el registro electrónico de la Administración u Organismo competente.

b) Veinte días a contar desde la recepción de la solicitud en el registro electrónico de la Administración u Organismo competente.

c) Quince días a contar desde la recepción de la solicitud en el registro electrónico de la Administración u Organismo competente.

d) Diez días a contar desde la recepción de la solicitud en el registro electrónico de la Administración u Organismo competente.

18. La falta o insuficiente acreditación de la representación no impedirá que se tenga por realizado el acto de que se trate, siempre que se aporte aquella o se subsane el defecto dentro del plazo que deberá conceder al efecto el órgano administrativo, de:

a) Un mes, o de un plazo superior cuando las circunstancias del caso así lo requieran.

b) Veinte días, o de un plazo superior cuando las circunstancias del caso así lo requieran.

c) Quince días, o de un plazo superior cuando las circunstancias del caso así lo requieran.

d) Diez días, o de un plazo superior cuando las circunstancias del caso así lo requieran.

19. La actuación ciudadana desde fuera del aparato administrativo, aunque ejerciendo funciones materialmente públicas que, como tales, auxilian o colaboran en el desarrollo de las tareas de la Administración Pública, es una modalidad de participación:

a) Funcional.
b) Orgánica.
c) Política.
d) Cooperativa.

20. La integración de un ciudadano en un Colegio Profesional es significativa de una participación:

a) Funcional.
b) Cooperativa.
c) Orgánica.
d) Obligatoria.

21. Señala la respuesta incorrecta respecto a la validez y eficacia de las copias realizadas por las Administraciones Públicas:

a) Las copias auténticas realizadas por una Administración Pública únicamente tendrán validez en esa Administración Pública.
b) Las copias auténticas tendrán la misma validez y eficacia que los documentos originales.
c) Cada Administración Pública determinará los órganos que tengan atribuidas las competencias de expedición de copias auténticas de los documentos públicos administrativos o privados.
d) Las Administraciones Públicas estarán obligadas a expedir copias auténticas electrónicas de cualquier documento en papel que presenten los interesados y que se vaya a incorporar a un expediente administrativo.

22. Los poderes inscritos en el registro electrónico de apoderamiento tendrán una validez determinada máxima de:

a) Diez años a contar desde la fecha de inscripción.
b) Cinco años a contar desde la fecha de inscripción.
c) Tres años a contar desde la fecha de inscripción.
d) Dos años a contar desde la fecha de inscripción.

23. Los documentos que los interesados dirijan a los órganos de las Administraciones Públicas podrán presentarse:

a) En las oficinas de Correos, en la forma que reglamentariamente se establezca.
b) En las representaciones diplomáticas u oficinas consulares de España en el extranjero.
c) En las oficinas de asistencia en materia de registros.
d) Todas las respuestas son correctas.

24. La inserción de los ciudadanos, en cuanto tales, en órganos formalizados de Entidades administrativas es ejemplo de participación:

a) Política.
b) Funcional.
c) Orgánica.
d) Cooperativa.

25. Cuando el ciudadano ni se integra en la organización pública ni ejercita funciones materialmente públicas, sino que realiza una actividad privada pero en el sentido fomentado por la Administración Pública, se habla de participación:

a) Orgánica.
b) Cooperativa.
c) Funcional.
d) De ningún tipo.

26. Señala la respuesta incorrecta respecto a la comparecencia de las personas:

a) La comparecencia de las personas ante las oficinas públicas, ya sea presencialmente o por medios electrónicos, solo será obligatoria cuando así esté previsto mediante Reglamento.

b) En los casos en que proceda la comparecencia, la correspondiente citación hará constar expresamente el lugar, fecha, hora, los medios disponibles y objeto de la comparecencia, así como los efectos de no atenderla.

c) Las Administraciones Públicas entregarán al interesado certificación acreditativa de la comparecencia cuando así lo solicite.

d) Todas las respuestas son incorrectas.

27. Señala cuál de los siguientes no es uno de los derechos de los interesados en un procedimiento administrativo, contemplados en el art. 53 de la Ley 39/2015, de 1 de octubre, del Procedimiento Administrativo Común de las Administraciones Públicas:

a) A conocer, en cualquier momento, el estado de la tramitación de los procedimientos en los que tengan la condición de interesados.

b) A no presentar documentos originales salvo que, de manera excepcional, la normativa reguladora aplicable establezca lo contrario.

c) A formular alegaciones, utilizar los medios de defensa admitidos por el Ordenamiento Jurídico, y aportar documentos en cualquier fase del procedimiento, que deberán ser tenidos en cuenta por el órgano competente al redactar la propuesta de resolución.

d) A actuar asistidos de asesor cuando lo consideren conveniente en defensa de sus intereses.

28. Señala la respuesta incorrecta:

a) Estarán obligados a relacionarse a través de medios electrónicos con las Administraciones Públicas para la realización de cualquier trámite de un procedimiento administrativo los notarios y registradores de la propiedad y mercantiles.

b) En los procedimientos tramitados por las Administraciones de las Comunidades Autónomas y de las Entidades Locales, el uso de la lengua se ajustará a lo previsto en la legislación nacional.

c) Cada Administración dispondrá de un Registro Electrónico General, en el que se hará el correspondiente asiento de todo documento que sea presentado o que se reciba en cualquier órgano administrativo, organismo público o entidad vinculado o dependiente a estos.

d) Las personas físicas podrán elegir en todo momento si se comunican con las Administraciones Públicas para el ejercicio de sus derechos y obligaciones a través de medios electrónicos o no, salvo que estén obligadas a relacionarse a través de medios electrónicos con las Administraciones Públicas.

29. Señala la respuesta incorrecta respecto a los interesados:

a) Se consideran interesados en el procedimiento administrativo los que, sin haber iniciado el procedimiento, tengan derechos que puedan resultar afectados por la decisión que en el mismo se adopte.

b) Cuando en una solicitud, escrito o comunicación figuren varios interesados, las actuaciones a que den lugar se efectuarán con el representante o el interesado que expresamente hayan señalado, y, en su defecto, con cualquiera de los demás.

c) Cuando la condición de interesado derivase de alguna relación jurídica transmisible, el derecho-habiente sucederá en tal condición cualquiera que sea el estado del procedimiento.

d) La presentación de una denuncia y la comparecencia en el trámite de información pública, respectivamente, no confieren u otorgan, por sí solas, la condición de interesado en el procedimiento.

30. La aceptación por la Administración Pública de una declaración de un particular en un procedimiento:

a) Es obligatoria en cualquier caso.
b) Solo se admite en las de tipo tributario.
c) Evita el trámite de prueba, aun cuando haya terceros interesados.
d) Nada de lo anterior es cierto.

31. Suele ser normal que la Administración Pública en las relaciones jurídico-administrativas:

a) Se sujete al Derecho Privado.
b) Actúe como sujeto de las mismas.
c) Despliegue una serie de potestades legalmente reconocidas.
d) Actúe representada por particulares.

32. Puede ser objeto de una relación jurídico-administrativa el/los/las:

a) Dominio público.
b) Potestades administrativas.
c) Deberes de los ciudadanos.
d) Nada de lo anterior.

33. Normalmente, la Administración Pública, en este tipo de relaciones:

a) Se limita a una posición de espectadora de las mismas.
b) Actúa como sujeto activo.
c) Se encuentra en el lado pasivo de las mismas.
d) Está en igualdad de circunstancias que el administrado.

34. Una característica esencial de las relaciones jurídico-administrativas es:

a) Su regulación por el Derecho Privado.
b) La situación de igualdad de la Administración Pública y el administrado.
c) Su sujeción al Derecho Administrativo.
d) Estar exenta de regulación jurídica de todo tipo.

35. La relación en la que la Administración Pública actúa como un particular y no como tal Administración Pública es de carácter:

a) Privado.
b) Jurídico-administrativa.
c) No jurídica.
d) Semipública.

36. El contenido de la relación jurídico-administrativa se descompone en:

a) Actos humanos y cosas.
b) Hechos no jurídicos.
c) Derechos y obligaciones.
d) Todo lo anterior.

37. La presentación de una denuncia y la comparecencia en el trámite de información pública:

a) No confieren la condición de interesado, en ningún caso.
b) No confieren u otorgan por sí solas, la condición de interesado en el procedimiento.
c) Confiere solo la condición de administrado, pero no la de interesado.
d) Confiere solo la condición de interesado, pero no la de administrado.

38. Es ejemplo de administrado cualificado un:

a) Ciudadano cualquiera.
b) Vendedor ambulante.
c) Concesionario de servicio público.
d) Las respuestas b) y c) son ciertas.

39. Un funcionario tiene la condición de:

a) Persona privada de interés social.
b) Autoridad.

c) Administrado simple.
d) Administrado cualificado.

40. La actuación de un particular realizando una prestación personal a la Administración:

a) Le convierte en administrado simple.
b) Comporta un trato de favor al mismo.
c) Le exime de pagar tasas judiciales.
d) Le cualifica respecto de la misma.

41. El que realice un uso común general del dominio público:

a) Requiere licencia.
b) Ha de estar habilitado a través de la correspondiente concesión demanial.
c) Tiene la condición de administrado cualificado.
d) Nada de lo expuesto es correcto.

42. El ciudadano que regenta un quiosco en la vía pública, sin hacer por tanto un uso común general de la misma, respecto a la Administración Pública es un administrado:

a) Simple.
b) Cualificado, al adquirir condición de funcionario.
c) Cualificado, al convertirse en un contratista.
d) Cualificado.

43. En Derecho Administrativo, a diferencia del Derecho Privado, se puede reconocer a los menores de edad:

a) Capacidad jurídica.
b) Capacidad de obrar.
c) Ambas capacidades.
d) Ninguna de ellas.

44. La edad mínima para entablar por sí solo relaciones con la Administración Pública es de:

a) Dieciocho años.
b) Depende de los casos.
c) Veintiún años la mujer casada.
d) Nada de lo anterior es cierto.

45. ¿Quién puede obtener copias de documentos contenidos en un procedimiento que se esté tramitando?

a) Solo los interesados en él.
b) Cualquier ciudadano.

c) Nadie.

d) Solo otro órgano administrativo.

46. Si un interesado de una Comunidad Autónoma con lengua oficial específica se dirige a un órgano de la Administración General del Estado sito en su Comunidad, ha de hacerlo en:

a) Castellano necesariamente.

b) Su lengua oficial exclusivamente.

c) Cualquiera de las dos anteriores, a su opción.

d) La que se le indique por la citada Administración.

47. Las alegaciones y aportación de documentos por parte de un interesado en un procedimiento pueden realizarse:

a) En cualquier momento.

b) Antes del trámite de audiencia.

c) Inmediatamente antes de la prueba.

d) Solo cuando sea requerido al efecto por la Administración Pública actuante.

48. Señala la respuesta incorrecta. Las Administraciones Públicas solo requerirán a los interesados el uso obligatorio de firma para:

a) Presentar declaraciones responsables o comunicaciones.

b) Adquirir derechos.

c) Interponer recursos.

d) Formular solicitudes.

49. La actuación por un funcionario que suponga discriminación de un interesado por razón de sexo, es considerada por el Texto Refundido de la Ley del Estatuto Básico del Empleado Público, como:

a) Falta leve.

b) Falta muy grave.

c) Falta grave.

d) No contempla este supuesto.

50. Cuando la Administración Pública no tenga por ciertos los hechos declarados por un interesado:

a) Abrirá un período de prueba.

b) Abrirá una información pública.

c) Le dará audiencia.

d) No los tendrá en cuenta.

51. La producción del silencio administrativo, en algún caso, la vincula la ley a una previa:

a) Renuncia.

b) Intimación.

c) Declaración.
d) Opción.

52. Las alegaciones efectuadas en un trámite de información pública se denominan general y propiamente:

a) Peticiones.
b) Reclamaciones.
c) Sugerencias.
d) Requerimientos.

53. Si durante la instrucción de un procedimiento, se advierte la existencia de personas que sean titulares de derechos o intereses legítimos y directos cuya identificación resulte del expediente y que puedan resultar afectados por la resolución que se dicte:

a) Se comunicará a dichas personas la tramitación del procedimiento cuando así lo solicite el interesado que inició el procedimiento.
b) Se publicará por edictos.
c) Se comunicará a dichas personas la tramitación del procedimiento cuando este no haya tenido publicidad.
d) No se comunicará, salvo que se presenten en forma legal en el procedimiento.

54. Como regla general, una vez concluido un procedimiento administrativo:

a) La Administración Pública queda exenta de dictar resolución expresa.
b) El particular queda privado de la posibilidad de entablar recurso contencioso-administrativo.
c) Debe resolver expresamente la Administración Pública dicho procedimiento.
d) Nada de lo expuesto es cierto.

55. En las aceptaciones, la intervención del administrado se requiere:

a) Con carácter previo.
b) Para que el acto administrativo sea válido.
c) Para que el acto administrativo, además de eficaz, sea válido.
d) A *posteriori*.

56. La aceptación de un particular actúa, respecto del acto administrativo a que se refiera, como requisito de:

a) Eficacia.
b) Eficacia y validez.
c) Validez.
d) Procedimiento.

57. La toma de posesión de un funcionario es un ejemplo de:

a) Petición.
b) Intimación.
c) Opción.
d) Aceptación.

58. En relación con la demora en la tramitación de un expediente administrativo, a los particulares les es dable interponer:

a) Reclamaciones.
b) Opciones.
c) Recursos.
d) Declaraciones.

59. Para que una renuncia pueda dar lugar a la conclusión de un procedimiento debe:

a) Ser condicionada.
b) Declararse.
c) Aceptarse por la Administración Pública.
d) Darse en el iniciado de oficio.

60. La renuncia oral de un administrado a continuar un procedimiento:

a) Puede hacerse por cualquier medio que permita su constancia.
b) Está expresamente prohibida.
c) Debe ratificarse con documento público.
d) Puede ser condicionada.

61. Cuando se produzca una renuncia a continuar un procedimiento por parte de un interesado:

a) La Administración Pública deberá aceptarla.
b) Se continuará el mismo en cualquier caso.
c) Debe ratificarse por el resto de los interesados para que se acepte.
d) Nada de lo anterior es correcto.

62. Los medios o soportes en que se almacenen documentos sobre procedimientos administrativos, deberán contar con medidas de seguridad, de acuerdo con lo previsto en:

a) La Recomendación Europea de Seguridad Procedimental.
b) La Directiva de la Agencia Nacional de Seguridad.
c) El Fondo Europeo de Seguridad.
d) El Esquema Nacional de Seguridad.

63. Planteado el desistimiento por uno de los interesados y habiéndose personado en el mismo terceros interesados, ¿en qué plazo, a contar desde que fueron notificados del desistimiento, pueden estos instar su continuación?

a) En el plazo de diez días.
b) En el plazo de quince días.
c) En el plazo de veinte días.
d) En cualquier momento.

64. ¿Cuál es la actual Norma que regula la Protección de Datos Personales y la garantía de los derechos digitales?

a) La Ley 2/2011, de 4 de marzo.
b) La Ley Orgánica 15/1999, de 15 de diciembre.
c) El Real Decreto-ley 5/2018, de 27 de julio.
d) La Ley Orgánica 3/2018, de 5 de diciembre.

65. Los terceros interesados pueden oponerse a la renuncia de otro interesado:

a) En el plazo de información pública que se abre tras la formulación de esta renuncia.
b) En ningún momento.
c) Cuando la Administración Pública declare concluso el procedimiento.
d) En los diez días siguientes a la notificación de la renuncia.

66. Los interesados en un procedimiento que conozcan datos que permitan identificar a otros interesados que no hayan comparecido en él:

a) Tienen el deber de proporcionárselos a la Administración actuante.
b) Pueden proporcionárselos a la Administración actuante, cuando lo estimen conveniente.
c) No tienen por qué aportarlos al procedimiento.
d) Solo tienen obligación de aportarlos cuando les proporcione un beneficio.

67. ¿Cómo se denominan los actos jurídicos de los administrados en virtud de los cuales estos abdican de una titularidad jurídica que les corresponde?

a) Opciones.
b) Intimaciones.
c) Renuncias.
d) Requerimientos.

68. Aquellos actos jurídicos que, si bien no dan lugar al nacimiento o extinción de relaciones jurídico-administrativas, inciden de un modo u otro sobre ellas, afectando a su contenido o desarrollo se llaman:

a) Requerimientos.
b) Opciones.

c) Recursos.
d) Aceptaciones.

69. Aquellos actos jurídicos por los que el interesado impugna otros actos anteriores que estima contrarios a Derecho se denominan:

a) Requerimientos.
b) Declaraciones.
c) Opciones.
d) Recursos.

70. La *interpellatio morae*, esto es, la denuncia de la mora o falta de resolución en plazo de un procedimiento, es ejemplo de:

a) Reclamación en queja.
b) Solicitud.
c) Petición.
d) Requerimiento.

Solución al test n.º 3

1. a) Funcional.

2. a) Administrado cualificado .

3. b) Renuncias.

4. d) Todas las respuestas son correctas.

5. c) Administrado simple.

6. c) Esta relación está regulada por el Derecho Administrativo y el Derecho Civil.

7. a) Veintitrés.

8. a) Abrirá un período de prueba.

9. b) Depende de los casos.

10. d) Todas las respuestas son correctas.

11. d) Un Punto de Acceso General electrónico de la Administración.

12. c) El Real Decreto 4/2010, de 8 de enero.

13. b) Por escrito, a través de medios electrónicos.

14. c) Los documentos que se publiquen con carácter meramente informativo.

15. d) Todas las respuestas son correctas.

16. d) En cualquier momento.

17. c) Quince días a contar desde la recepción de la solicitud en el registro electrónico de la Administración u Organismo competente.

18. d) Diez días, o de un plazo superior cuando las circunstancias del caso así lo requieran.

19. a) Funcional.

20. c) Orgánica.

21. a) Las copias auténticas realizadas por una Administración Pública únicamente tendrán validez en esa Administración Pública.

22. b) Cinco años a contar desde la fecha de inscripción.

23. d) Todas las respuestas son correctas.

24. c) Orgánica.

25. b) Cooperativa.

26. a) La comparecencia de las personas ante las oficinas públicas, ya sea presencialmente o por medios electrónicos, solo será obligatoria cuando así esté previsto mediante Reglamento.

27. c) A formular alegaciones, utilizar los medios de defensa admitidos por el Ordenamiento Jurídico, y aportar documentos en cualquier fase del procedimiento, que deberán ser tenidos en cuenta por el órgano competente al redactar la propuesta de resolución.

28. b) En los procedimientos tramitados por las Administraciones de las Comunidades Autónomas y de las Entidades Locales, el uso de la lengua se ajustará a lo previsto en la legislación nacional.

29. b) Cuando en una solicitud, escrito o comunicación figuren varios interesados, las actuaciones a que den lugar se efectuarán con el representante o el interesado que expresamente hayan señalado, y, en su defecto, con cualquiera de los demás.

30. d) Nada de lo anterior es cierto.

31. c) Despliegue una serie de potestades legalmente reconocidas.

32. a) Dominio público.

33. b) Actúa como sujeto activo.

34. c) Su sujeción al Derecho Administrativo.

35. a) Privado.

36. c) Derechos y obligaciones.

37. b) No confieren u otorgan por sí solas, la condición de interesado en el procedimiento.

38. d) Las respuestas b) y c) son ciertas.

39. d) Administrado cualificado.

40. d) Le cualifica respecto de la misma.

41. d) Nada de lo expuesto es correcto.

42. d) Cualificado.

43. b) Capacidad de obrar.

44. b) Depende de los casos.

45. a) Solo los interesados en él.

46. c) Cualquiera de las dos anteriores, a su opción

47. b) Antes del trámite de audiencia.

48. b) Adquirir derechos.

49. b) Falta muy grave.

50. a) Abrirá un período de prueba.

51. b) Intimación.

52. b) Reclamaciones.

53. c) Se comunicará a dichas personas la tramitación del procedimiento cuando este no haya tenido publicidad.

54. c) Debe resolver expresamente la Administración Pública dicho procedimiento.

55. d) A posteriori.

56. a) Eficacia.

57. d) Aceptación.

58. a) Reclamaciones.

59. c) Aceptarse por la Administración Pública.

60. a) Puede hacerse por cualquier medio que permita su constancia.

61. d) Nada de lo anterior es correcto.

62. d) El Esquema Nacional de Seguridad.

63. a) En el plazo de diez días.

64. d) La Ley Orgánica 3/2018, de 5 de diciembre.

65. d) En los diez días siguientes a la notificación de la renuncia.

66. a) Tienen el deber de proporcionárselos a la Administración actuante.

67. c) Renuncias.

68. a) Requerimientos.

69. d) Recursos.

70. d) Requerimiento.

TEST N.º 4

La Ley 39/2015, de 1 de octubre, del Procedimiento Administrativo Común de las Administraciones Públicas (IV). El procedimiento administrativo: concepto, naturaleza y principios generales. Fases del procedimiento: iniciación, ordenación, instrucción

1. ¿Qué recurso cabe contra el acuerdo de acumulación?

a) Ninguno.
b) Recurso de alzada.
c) Recurso de reposición.
d) Recurso extraordinario de revisión.

2. ¿En qué supuesto excepcional se podrá imponer una sanción sin que se haya tramitado el oportuno procedimiento?

a) En casos de urgencia.
b) En aquellos supuestos donde no dé lugar a dudas la imposición de la sanción.
c) Únicamente en aquellos supuestos donde una norma con rango de ley así lo determine.
d) En ningún caso.

3. ¿Cómo se denominan los procedimientos que tienden a la realización material de una decisión anterior ya definitiva, como, por ejemplo, el procedimiento de apremio?

a) Procedimientos ejecutivos.
b) Procedimientos declarativos.
c) Procedimientos de simple gestión.
d) Procedimientos de materialización o sustanciación.

4. ¿Cuándo podrán los administrados conocer el estado de la tramitación de los procedimientos en los que tengan la condición de interesados?

a) Solo en la fase de instrucción.
b) Únicamente en la fase de alegaciones.

c) Tan solo en la fase de prueba.
d) En cualquier momento.

5. ¿Cuándo se iniciarán de oficio los procedimientos?

a) Por denuncia.
b) Por acuerdo del órgano competente.
c) Por propia iniciativa.
d) Todas las respuestas son correctas.

6. Los interesados solo podrán solicitar el inicio de un procedimiento de responsabilidad patrimonial, cuando no haya prescrito su derecho a reclamar. El derecho a reclamar prescribirá:

a) Al año de producido el hecho o el acto que motive la indemnización o se manifieste su efecto lesivo.
b) A los dos años de producido el hecho o el acto que motive la indemnización o se manifieste su efecto lesivo.
c) A los cinco años de producido el hecho o el acto que motive la indemnización o se manifieste su efecto lesivo.
d) Este derecho no prescribe.

7. ¿Cómo se denomina el conjunto ordenado de documentos y actuaciones que sirven de antecedente y fundamento a la resolución administrativa, así como las diligencias encaminadas a ejecutarla?

a) Dosier administrativo.
b) Acto administrativo.
c) Expediente administrativo.
d) Procedimiento administrativo.

8. En los casos previstos en el art. 56 de la LPACAP, no podrá adoptarse una de las siguientes medidas provisionales. Indica cuál de ellas:

a) Prestación de fianzas.
b) La retención de ingresos a cuenta que deban abonar las Administraciones Públicas.
c) El depósito, retención o inmovilización de cosa mueble.
d) Suspensión definitiva de actividades.

9. Los procedimientos administrativos, que no tengan naturaleza sancionadora, se podrán iniciar:

a) Por acuerdo del órgano competente o a petición razonada de otros órganos.
b) Por acuerdo del órgano competente, bien por propia iniciativa o como consecuencia de orden superior, a petición razonada de otros órganos o por denuncia.
c) Por denuncia solamente.
d) De oficio siempre.

10. Los documentos que los interesados dirijan a los órganos de las Administraciones Públicas podrán presentarse:

a) En las oficinas de Correos, en la forma que reglamentariamente se establezca.
b) En las representaciones diplomáticas u oficinas consulares de España en el extranjero.
c) En las oficinas de asistencia en materia de registros.
d) Todas las respuestas son correctas.

11. Señala la respuesta incorrecta respecto al inicio del procedimiento por denuncia:

a) Las denuncias deberán expresar la identidad de la persona o personas que las presentan y el relato de los hechos que se ponen en conocimiento de la Administración.
b) La presentación de una denuncia confiere, por sí sola, la condición de interesado en el procedimiento.
c) Cuando la denuncia invocara un perjuicio en el patrimonio de las Administraciones Públicas la no iniciación del procedimiento deberá ser motivada y se notificará a los denunciantes la decisión de si se ha iniciado o no el procedimiento.
d) Se entiende por denuncia el acto por el que cualquier persona, en cumplimiento o no de una obligación legal, pone en conocimiento de un órgano administrativo la existencia de un determinado hecho que pudiera justificar la iniciación de oficio de un procedimiento administrativo.

12. ¿En qué casos se podrá imponer una sanción sin que se haya tramitado el oportuno procedimiento?

a) En casos de urgente necesidad.
b) En situaciones excepcionales, como por ejemplo, situaciones de crisis sanitarias o epidemias.
c) Las respuestas a) y b) son correctas.
d) En ningún caso.

13. ¿Cuál de los siguientes datos no es necesario que figure en las solicitudes de iniciación del procedimiento por parte de los interesados?

a) Número de teléfono.
b) Hechos, razones y petición en que se concrete, con toda claridad, la solicitud.
c) Órgano, centro o unidad administrativa a la que se dirige y su correspondiente código de identificación.
d) Firma del solicitante o acreditación de la autenticidad de su voluntad expresada por cualquier medio.

14. Los documentos que los interesados dirijan a los órganos de las Administraciones Públicas podrán presentarse:

a) En las oficinas de Correos, en la forma que reglamentariamente se establezca.
b) En el registro electrónico de la Administración u Organismo al que se dirijan.
c) En las representaciones diplomáticas u oficinas consulares de España en el extranjero.
d) Todas las respuestas son correctas.

15. Señala cuál de los siguientes no es uno de los derechos de los interesados en un procedimiento administrativo, contemplados en el art. 53 de la Ley 39/2015, de 1 de octubre, del Procedimiento Administrativo Común de las Administraciones Públicas:

a) A conocer, en cualquier momento, el estado de la tramitación de los procedimientos en los que tengan la condición de interesados.

b) A no presentar documentos originales salvo que, de manera excepcional, la normativa reguladora aplicable establezca lo contrario.

c) A formular alegaciones, utilizar los medios de defensa admitidos por el Ordenamiento Jurídico, y aportar documentos en cualquier fase del procedimiento, que deberán ser tenidos en cuenta por el órgano competente al redactar la propuesta de resolución.

d) A actuar asistidos de asesor cuando lo consideren conveniente en defensa de sus intereses.

16. Salvo en el caso de que en la norma correspondiente se fije plazo distinto, los trámites que deban ser cumplimentados por los interesados deberán realizarse:

a) En el plazo de un mes a partir del siguiente al de la notificación del correspondiente acto.

b) En el plazo de veinte días a partir del siguiente al de la notificación del correspondiente acto.

c) En el plazo de quince días a partir del siguiente al de la notificación del correspondiente acto.

d) En el plazo de diez días a partir del siguiente al de la notificación del correspondiente acto.

17. Señala la respuesta correcta respecto a la emisión de informes:

a) Salvo disposición expresa en contrario, los informes serán facultativos y vinculantes.

b) Los informes serán emitidos a través de medios electrónicos en el plazo de quince días, salvo que una disposición o el cumplimiento del resto de los plazos del procedimiento permita o exija otro plazo mayor o menor.

c) El informe emitido fuera de plazo podrá no ser tenido en cuenta al adoptar la correspondiente resolución.

d) Cuando se soliciten informes preceptivos a un órgano de la misma o distinta Administración, por el tiempo que medie entre la petición, que deberá comunicarse a los interesados, y la recepción del informe, que igualmente deberá ser comunicada a los mismos. Este plazo de suspensión no podrá exceder en ningún caso de un mes.

18. ¿De qué plazo disponen los interesados durante el trámite de audiencia para alegar y presentar los documentos y justificaciones que estimen pertinentes?

a) No inferior a quince ni superior a un mes.

b) No inferior a diez días ni superior a quince.

c) Quince días.

d) Siete días hábiles.

19. Señala la respuesta incorrecta respecto a la información pública:

a) La incomparecencia en este trámite podrá impedir a los interesados interponer los recursos procedentes contra la resolución definitiva del procedimiento.

b) El órgano al que corresponda la resolución del procedimiento, cuando la naturaleza de este lo requiera, podrá acordar un período de información pública.

c) La comparecencia en el trámite de información pública no otorga, por sí misma, la condición de interesado.

d) Quienes presenten alegaciones u observaciones en este trámite tienen derecho a obtener de la Administración una respuesta razonada, que podrá ser común para todas aquellas alegaciones que planteen cuestiones sustancialmente iguales.

20. ¿En virtud de qué principio se acordarán en un solo acto todos los trámites que, por su naturaleza, admitan un impulso simultáneo y no sea obligado su cumplimiento sucesivo?

a) Del principio de celeridad.

b) Del principio de agilidad administrativa.

c) Del principio de simplificación administrativa.

d) Del principio de eficiencia.

21. ¿De acuerdo con qué principio se acordarán en un solo acto todos los trámites que, por su naturaleza, admitan un impulso simultáneo y no sea obligado su cumplimiento sucesivo?

a) Con el principio de oficialidad.

b) Con el principio de eficacia.

c) Con el principio de simplificación administrativa.

d) Con el principio de eficacia.

22. Salvo en el caso de que en la norma correspondiente se fije plazo distinto, los trámites que deban ser cumplimentados por los interesados deberán realizarse en el plazo de:

a) Siete días a partir del siguiente al de la notificación del correspondiente acto.

b) Diez días a partir del siguiente al de la notificación del correspondiente acto.

c) Quince días a partir del siguiente al de la notificación del correspondiente acto.

d) Un mes a partir del siguiente al de la notificación del correspondiente acto.

23. En cualquier momento del procedimiento, cuando la Administración considere que alguno de los actos de los interesados no reúne los requisitos necesarios, lo pondrá en conocimiento de su autor, concediéndole un plazo para cumplimentarlo:

a) De cinco días.

b) De siete días.

c) De diez días.

d) De veinte días.

24. Cuando la Administración no tenga por ciertos los hechos alegados por los interesados o la naturaleza del procedimiento lo exija, el instructor del mismo acordará la apertura de un período de prueba, a fin de que puedan practicarse cuantas juzgue pertinentes, por un plazo:

a) No superior a treinta días ni inferior a diez.
b) No superior a treinta días ni inferior a quince.
c) No superior a veinte días ni inferior a diez.
d) No superior a veinte días ni inferior a cinco.

25. Salvo disposición expresa en contrario, los informes serán:

a) Vinculantes.
b) Vinculantes y facultativos.
c) Facultativos y no vinculantes.
d) Nunca facultativos.

26. En el caso de los procedimientos de responsabilidad patrimonial será preceptivo solicitar informe al servicio cuyo funcionamiento haya ocasionado la presunta lesión indemnizable, no pudiendo exceder el plazo de su emisión de:

a) Diez días.
b) Quince días.
c) Veinte días.
d) Un mes.

27. Con arreglo al artículo 74 LPACAP, las cuestiones incidentales que se susciten en el procedimiento, incluso las que se refieran a la nulidad de actuaciones:

a) Suspenderán la tramitación del procedimiento.
b) No suspenderán la tramitación del procedimiento, salvo la recusación.
c) No suspenderán la tramitación del procedimiento en ningún caso.
d) Siempre que lo estime oportuno el instructor del procedimiento, y así lo motive suficientemente, suspenderá la tramitación del procedimiento.

28. ¿Cuándo podrán los interesados aducir alegaciones y aportar documentos u otros elementos de juicio?

a) En cualquier momento.
b) En cualquier momento del procedimiento posterior al trámite de audiencia.
c) En cualquier momento del procedimiento anterior al trámite de audiencia.
d) Únicamente cuando lo autorice el instructor del procedimiento.

29. Señala la respuesta incorrecta respecto a los medios y período de prueba:

a) El instructor del procedimiento solo podrá rechazar las pruebas propuestas por los interesados cuando sean manifiestamente improcedentes o innecesarias, sin necesidad de resolución motivada.

b) En los procedimientos de carácter sancionador, los hechos declarados probados por resoluciones judiciales penales firmes vincularán a las Administraciones Públicas respecto de los procedimientos sancionadores que substancien.

c) Cuando la prueba consista en la emisión de un informe de un órgano administrativo, organismo público o Entidad de derecho público, se entenderá que este tiene carácter preceptivo.

d) Cuando la valoración de las pruebas practicadas pueda constituir el fundamento básico de la decisión que se adopte en el procedimiento, por ser pieza imprescindible para la correcta evaluación de los hechos, deberá incluirse en la propuesta de resolución.

30. Cuando lo considere necesario, el instructor, a petición de los interesados, podrá decidir la apertura de un período extraordinario de prueba por un plazo:

a) No superior a diez días.
b) No superior a quince días.
c) No superior a veinte días.
d) No superior a un mes.

31. Salvo que una disposición o el cumplimiento del resto de los plazos del procedimiento permita o exija otro plazo mayor o menor, los informes serán emitidos en el plazo de:

a) Diez días.
b) Quince días.
c) Veinte días.
d) Un mes.

32. ¿De qué plazo disponen los interesados para alegar y presentar los documentos y justificaciones que estimen pertinentes?

a) De un plazo no inferior a cinco días ni superior a diez.
b) De un plazo no inferior a diez días ni superior a quince.
c) De un plazo no inferior a diez días ni superior a veinte.
d) De un plazo no inferior a diez días ni superior a un mes.

33. El órgano al que corresponda la resolución del procedimiento, cuando la naturaleza de este lo requiera, podrá acordar un período de información pública. A tal efecto, se publicará un anuncio en el Diario oficial correspondiente a fin de que cualquier persona física o jurídica pueda examinar el expediente, o la parte del mismo que se acuerde. El anuncio determinará el plazo para formular alegaciones, que en ningún caso podrá ser inferior a:

a) Un mes.
b) Veinte días.

c) Diez días.
d) Una semana.

34. ¿Suspenderá la tramitación del procedimiento las cuestiones incidentales que se susciten en el mismo?

a) No.
b) Sí.
c) No, salvo las que se refieran a la nulidad de actuaciones.
d) No, incluso las relativas a la recusación no se suspenderán.

Solución al test n.º 4

1. a) Ninguno.

2. d) En ningún caso.

3. a) Procedimientos ejecutivos.

4. d) En cualquier momento.

5. d) Todas las respuestas son correctas.

6. a) Al año de producido el hecho o el acto que motive la indemnización o se manifieste su efecto lesivo.

7. c) Expediente administrativo.

8. d) Suspensión definitiva de actividades.

9. b) Por acuerdo del órgano competente, bien por propia iniciativa o como consecuencia de orden superior, a petición razonada de otros órganos o por denuncia.

10. d) Todas las respuestas son correctas.

11. b) La presentación de una denuncia confiere, por sí sola, la condición de interesado en el procedimiento.

12. d) En ningún caso.

13. a) Número de teléfono.

14. d) Todas las respuestas son correctas.

15. c) A formular alegaciones, utilizar los medios de defensa admitidos por el Ordenamiento Jurídico, y aportar documentos en cualquier fase del procedimiento, que deberán ser tenidos en cuenta por el órgano competente al redactar la propuesta de resolución.

16. d) En el plazo de diez días a partir del siguiente al de la notificación del correspondiente acto.

17. c) El informe emitido fuera de plazo podrá no ser tenido en cuenta al adoptar la correspondiente resolución.

18. b) No inferior a diez días ni superior a quince.

19. a) La incomparecencia en este trámite podrá impedir a los interesados interponer los recursos procedentes contra la resolución definitiva del procedimiento.

20. c) Del principio de simplificación administrativa.

21. c) Con el principio de simplificación administrativa.

22. b) Diez días a partir del siguiente al de la notificación del correspondiente acto.

23. c) De diez días.

24. a) No superior a treinta días ni inferior a diez.

25. c) Facultativos y no vinculantes.

26. a) Diez días.

27. b) No suspenderán la tramitación del procedimiento, salvo la recusación.

28. c) En cualquier momento del procedimiento anterior al trámite de audiencia.

29. a) El instructor del procedimiento solo podrá rechazar las pruebas propuestas por los interesados cuando sean manifiestamente improcedentes o innecesarias, sin necesidad de resolución motivada.

30. a) No superior a diez días.

31. a) Diez días.

32. b) De un plazo no inferior a diez días ni superior a quince.

33. b) Veinte días.

34. a) No.

TEST N.º 5

La Ley 39/2015, de 1 de octubre, del Procedimiento Administrativo Común de las Administraciones Públicas (V). Terminación del procedimiento. La obligación de resolver. El silencio administrativo. El desistimiento y la renuncia. La caducidad

1. A tenor del art. 84 de la Ley 39/2015, de 1 de octubre, del Procedimiento Administrativo Común de las Administraciones Públicas, pondrán fin al procedimiento la resolución:

a) El desistimiento.
b) La renuncia al derecho en que se funde la solicitud.
c) La declaración de caducidad.
d) Todas las respuestas son correctas.

2. ¿Cuál es la forma especial de terminación del procedimiento administrativo?

a) La resolución.
b) La declaración de caducidad.
c) La terminación convencional.
d) El desistimiento.

3. El acuerdo de realización de actuaciones complementarias se notificará a los interesados, concediéndoseles un plazo para formular las alegaciones que tengan por pertinentes tras la finalización de las mismas, de:

a) Siete días.
b) Diez días.
c) Quince días.
d) Un mes.

4. En los procedimientos iniciados a solicitud del interesado, cuando se produzca su paralización por causa imputable al mismo, la Administración le advertirá de que se producirá la caducidad del procedimiento, transcurrido:

a) Quince días.
b) Veinte días.

c) Un mes.
d) Tres meses.

5. Señala la respuesta incorrecta respecto a la caducidad:

a) La caducidad no producirá por sí sola la prescripción de las acciones del particular o de la Administración, pero los procedimientos caducados interrumpirán el plazo de prescripción.
b) No podrá acordarse la caducidad por la simple inactividad del interesado en la cumplimentación de trámites, siempre que no sean indispensables para dictar resolución.
c) Podrá no ser aplicable la caducidad en el supuesto de que la cuestión suscitada afecte al interés general, o fuera conveniente sustanciarla para su definición y esclarecimiento.
d) En los casos en los que sea posible la iniciación de un nuevo procedimiento por no haberse producido la prescripción, podrán incorporarse a éste los actos y trámites cuyo contenido se hubiera mantenido igual de no haberse producido la caducidad.

6. Indica cuál de las siguientes no es una de las formas anormales de terminación del procedimiento administrativo:

a) La declaración de caducidad.
b) El desistimiento.
c) La renuncia al derecho en que se funde la solicitud.
d) La resolución.

7. Las actuaciones complementarias deberán practicarse en un plazo no superior a:

a) Diez días.
b) Quince días.
c) Veinte días.
d) Un mes.

8. Cuando la sanción tenga únicamente carácter pecuniario, el órgano competente para resolver el procedimiento aplicará reducciones sobre el importe de la sanción propuesta de, al menos:

a) El 10 %.
b) El 15 %.
c) El 20 %.
d) El 30 %.

9. ¿Cuál es la forma normal de terminación del procedimiento?

a) La terminación convencional.
b) El silencio administrativo.
c) La resolución.
d) La renuncia al derecho en que se funde la solicitud.

10. La terminación convencional es una forma de terminación del procedimiento:

a) Normal.
b) Anormal.
c) Especial.
d) Presunta.

11. Señala cuál de las siguientes es una forma de terminación anormal del procedimiento:

a) La renuncia al derecho en que se funde la solicitud.
b) La declaración de caducidad.
c) El desistimiento.
d) Todas las respuestas son correctas.

12. ¿En qué plazo deberán practicarse las actuaciones complementarias?

a) En un plazo no superior a siete días.
b) En un plazo no superior a diez días.
c) En un plazo no superior a quince días.
d) En un plazo no superior a un mes.

13. ¿Transcurrido qué plazo desde que se inició el procedimiento sin que haya recaído y se notifique resolución expresa o, en su caso, se haya formalizado el acuerdo, podrá entenderse que la resolución es contraria a la indemnización del particular?

a) Transcurrido un mes.
b) Transcurridos tres meses.
c) Transcurridos seis meses.
d) Transcurrido un año.

14. A tenor del artículo 92 LPACAP, en el ámbito de la Administración General del Estado, los procedimientos de responsabilidad patrimonial se resolverán por:

a) El Ministro respectivo.
b) El Presidente del Gobierno.
c) El Consejo de Ministros.
d) Las respuestas a) y c) son correctas.

15. Señala la respuesta incorrecta respecto al desistimiento y renuncia por los interesados:

a) Si el escrito de iniciación se hubiera formulado por dos o más interesados, el desistimiento o la renuncia afectará a todos los que la hubiesen formulado.
b) Todo interesado podrá desistir de su solicitud o, cuando ello no esté prohibido por el ordenamiento jurídico, renunciar a sus derechos.

c) Si la cuestión suscitada por la incoación del procedimiento entrañase interés general o fuera conveniente sustanciarla para su definición y esclarecimiento, la Administración podrá limitar los efectos del desistimiento o la renuncia al interesado y seguirá el procedimiento.

d) Tanto el desistimiento como la renuncia podrán hacerse por cualquier medio que permita su constancia, siempre que incorpore las firmas que correspondan de acuerdo con lo previsto en la normativa aplicable.

16. La Administración aceptará de plano el desistimiento o la renuncia, y declarará concluso el procedimiento salvo que, habiéndose personado en el mismo terceros interesados, instasen estos su continuación en el plazo de:

a) Un mes desde que fueron notificados del desistimiento o renuncia.
b) Veinte días desde que fueron notificados del desistimiento o renuncia.
c) Quince días desde que fueron notificados del desistimiento o renuncia.
d) Diez días desde que fueron notificados del desistimiento o renuncia.

17. En los procedimientos iniciados a solicitud del interesado, cuando se produzca su paralización por causa imputable al mismo, la Administración le advertirá que se producirá la caducidad del procedimiento, transcurrido:

a) Un mes.
b) Tres meses.
c) Seis meses.
d) Un año.

18. ¿Cuál de las siguientes es una forma presunta de finalizar el procedimiento administrativo?

a) La imposibilidad material de continuarlo por causas sobrevenidas.
b) El desistimiento.
c) El silencio administrativo.
d) Todas las respuestas son correctas.

19. El órgano instructor resolverá la finalización del procedimiento, con archivo de las actuaciones, sin que sea necesaria la formulación de la propuesta de resolución, cuando en la instrucción procedimiento se ponga de manifiesto que concurre la siguiente circunstancia:

a) Cuando los hechos no resulten acreditados.
b) Cuando no exista o no se haya podido identificar a la persona o personas responsables o bien aparezcan exentos de responsabilidad.
c) Cuando se concluyera, en cualquier momento, que ha prescrito la infracción.
d) Todas las respuestas son correctas.

Solución al test n.º 5

1. d) Todas las respuestas son correctas.

2. c) La terminación convencional.

3. a) Siete días.

4. d) Tres meses.

5. a) La caducidad no producirá por sí sola la prescripción de las acciones del particular o de la Administración, pero los procedimientos caducados interrumpirán el plazo de prescripción.

6. d) La resolución.

7. b) Quince días.

8. c) El 20 %.

9. c) La resolución.

10. c) Especial.

11. d) Todas las respuestas son correctas.

12. c) En un plazo no superior a quince días.

13. c) Transcurridos seis meses.

14. d) Las respuestas a) y c) son correctas.

15. a) Si el escrito de iniciación se hubiera formulado por dos o más interesados, el desistimiento o la renuncia afectará a todos los que la hubiesen formulado.

16. d) Diez días desde que fueron notificados del desistimiento o renuncia.

17. b) Tres meses.

18. c) El silencio administrativo.

19. d) Todas las respuestas son correctas.

TEST N.º 6

La Ley 39/2015, de 1 de octubre, del Procedimiento Administrativo Común de las Administraciones Públicas (VI). Recursos administrativos: principios generales. Actos susceptibles de recurso administrativo. Reglas generales de tramitación de los recursos administrativos. Clases de recursos

1. El recurso de alzada contra actos que no agotan la vía administrativa es:

a) Extraordinario.
b) La regla general.
c) Especial.
d) Inexistente.

2. El plazo máximo para dictar y notificar la resolución de un recurso de reposición será de:

a) 1 mes.
b) 2 meses.
c) 3 meses.
d) 6 meses.

3. El recurso de reposición contra actos que no agotan la vía administrativa es:

a) Ordinario.
b) Extraordinario.
c) Especial.
d) Inexistente.

4. La declaración de lesividad no podrá adoptarse una vez transcurrido/s desde que se dictó el acto administrativo:

a) Un año.
b) Dos años.

c) Tres años.
d) Cuatro años.

5. Para plantear un recurso administrativo:

a) Hay que tener capacidad jurídica, sin requerirse la capacidad de obrar.
b) Basta con la capacidad de obrar.
c) Se requiere, siempre, ser titular de un derecho subjetivo afectado por el acto que se recurre.
d) Puede hacerlo quien ostente la condición de interesado.

6. Para que pueda entablarse un recurso extraordinario de revisión por error de hecho, este:

a) Ha de ser declarado por sentencia judicial firme.
b) Ha de haberse adoptado por cohecho.
c) Ha de derivar de documentos habidos en el expediente.
d) Nada de lo anterior es cierto.

7. La revisión de los actos por los recursos administrativos:

a) Corresponde a la propia Administración Pública.
b) Supone una actuación excepcional por la Administración Pública sobre sus actos firmes.
c) Compete a los órganos jurisdiccionales de lo contencioso-administrativo.
d) Se da solo en supuestos tasados y límites.

8. No es motivo bastante para interponer un recurso de revisión que:

a) Se haya incurrido en manifiesto error de hecho al dictar el acto.
b) Hubiere mediado cohecho en la resolución.
c) Se haya dictado por órgano manifiestamente incompetente.
d) Hayan influido documentos declarados falsos por sentencia judicial firme.

9. Se puede sustituir en determinados supuestos por procedimientos de mediación y arbitraje el:

a) Recurso de alzada.
b) Recurso de revisión.
c) Recurso de reposición.
d) Las respuestas a) y c) son ciertas.

10. El recurso de revisión es:

a) Unitario.
b) Ordinario.
c) Especial.
d) Extraordinario.

11. El recurso de alzada se presentará:

a) Ante el superior jerárquico del órgano que dictó el acto.
b) Ante el Tribunal contencioso competente.
c) Ante el órgano que dictó el acto.
d) Indistintamente, ante el órgano que dictó el acto o el superior jerárquico que deba decidirlo.

12. Como consecuencia del principio de congruencia, al resolver un recurso, la Administración Pública:

a) Podrá agravar la situación inicial del recurrente.
b) Deberá ajustarse a las peticiones del recurrente.
c) Lo desestimará, manteniendo el acto administrativo.
d) Solo decidirá sobre las cuestiones planteadas por el recurrente sin entrar en otras que deriven del procedimiento.

13. La reformatio in peius, en materia de recursos:

a) Se admite como regla general.
b) Solo se permite en materia sancionadora.
c) Se admite cuando el recurso está claramente infundado.
d) Está expresamente prohibida.

14. El silencio administrativo en el recurso de alzada puede ser positivo en el siguiente caso:

a) Cuando el recurso se presentó contra un acto presunto desestimatorio de la solicitud del ciudadano.
b) Cuando perjudique al ciudadano.
c) Siempre que beneficie al interés público.
d) En ningún supuesto es positivo.

15. Cuando una persona interpone un recurso de alzada denominándolo como recurso de revisión:

a) Deberá desestimarse el recurso por improcedente.
b) Deberá notificársele el error para que lo subsane.
c) No se admitirá el recurso.
d) Deberá resolverse, si del propio recurso se deduce su carácter.

16. El recurso extraordinario de revisión por manifiesto error de hecho debe plantearse:

a) A los tres meses desde que se produjo.
b) A los cuatro años desde que se conoció.

c) Dentro de los cuatro años desde la notificación del acto.
d) No puede darse nunca aisladamente.

17. La resolución de un recurso:

a) Debe circunscribirse a lo solicitado por el recurrente.
b) Resolverá cuantas cuestiones se deduzcan del expediente.
c) No es necesario que se motive.
d) Debe aceptar las razones en que se fundamente el propio recurso.

18. La terminación presunta del recurso extraordinario de revisión se dará:

a) A los tres meses de su interposición.
b) Al mes de su interposición.
c) No cabe.
d) Solo en el supuesto de que se base en manifiesto error de derecho.

19. El recurso extraordinario de revisión se interpone contra:

a) Cualquier acto administrativo.
b) Actos que no agotan la vía administrativa.
c) Los actos que agotan la vía administrativa.
d) Los actos firmes exclusivamente.

20. La resolución presunta del recurso de alzada se dará, si no recae resolución, ai/a los:

a) Quince días de interponerlo.
b) Mes de su interposición.
c) Tres meses de dictarse el acto.
d) En cualquier momento a partir del día siguiente a aquel en que, de acuerdo con su normativa específica, se produzcan los efectos del silencio administrativo.

Solución al test n.º 6

1. b) La regla general.

2. a) 1 mes.

3. d) Inexistente.

4. d) Cuatro años.

5. d) Puede hacerlo quien ostente la condición de interesado.

6. c) Ha de derivar de documentos habidos en el expediente.

7. a) Corresponde a la propia Administración Pública.

8. c) Se haya dictado por órgano manifiestamente incompetente.

9. d) Las respuestas a) y c) son ciertas

10. d) Extraordinario.

11. d) Indistintamente, ante el órgano que dictó el acto o el superior jerárquico que deba decidirlo.

12. b) Deberá ajustarse a las peticiones del recurrente.

13. d) Está expresamente prohibida.

14. a) Cuando el recurso se presentó contra un acto presunto desestimatorio de la solicitud del ciudadano.

15. d) Deberá resolverse, si del propio recurso se deduce su carácter.

16. c) Dentro de los cuatro años desde la notificación del acto.

17. b) Resolverá cuantas cuestiones se deduzcan del expediente.

18. a) A los tres meses de su interposición.

19. d) Los actos firmes exclusivamente.

20. d) En cualquier momento a partir del día siguiente a aquel en que, de acuerdo con su normativa específica, se produzcan los efectos del silencio administrativo.

Real Decreto 203/2021, de 30 de marzo, por el que se aprueba el Reglamento de actuación y funcionamiento del sector público por medios electrónicos: comunicaciones y notificaciones electrónicas. Expediente administrativo electrónico. Archivo electrónico de documentos

1. Según el artículo 13.a) de la LPACAP, quienes tienen capacidad de obrar ante las Administraciones Públicas son titulares del derecho a comunicarse con éstas a través de:

a) Un funcionario habilitado para representarles.
b) Una entidad sin personalidad jurídica.
c) Un Punto de Acceso específico electrónico de la Administración.
d) Un Punto de Acceso General electrónico de la Administración.

2. En relación al tipo de comunicación del interesado con la Administración, no es cierto que:

a) Las personas físicas puedan elegir en todo momento si se comunican con las Administraciones Públicas para el ejercicio de sus derechos y obligaciones a través de medios electrónicos o no, salvo que estén obligadas a relacionarse a través de medios electrónicos con las Administraciones Públicas.
b) Las Administraciones puedan establecer la obligación de relacionarse con ellas a través de medios electrónicos para determinados procedimientos y para ciertos colectivos de personas físicas.
c) Las personas jurídicas estén obligadas a relacionarse a través de medios electrónicos con las Administraciones Públicas para la realización de cualquier trámite de un procedimiento administrativo.
d) El medio elegido por la persona para comunicarse con las Administraciones Públicas no puede ser modificado a lo largo del procedimiento.

3. No están obligados a relacionarse a través de medios electrónicos con las Administraciones Públicas para la realización de cualquier trámite de un procedimiento administrativo:

a) Las entidades sin personalidad jurídica.
b) Todo aquel que ostente la representación de un interesado.

c) Quienes ejerzan una actividad profesional para la que se requiera colegiación obligatoria, para los trámites y actuaciones que realicen con las Administraciones Públicas en ejercicio de dicha actividad profesional.

d) Las personas jurídicas.

4. Cuando los interesados se correspondan con colectivos de personas físicas que por razón de su capacidad económica o técnica, dedicación profesional u otros motivos acreditados tengan garantizado el acceso y disponibilidad de los medios tecnológicos precisos:

a) Estarán obligados a utilizar siempre medios electrónicos para comunicarse con la Administración.

b) Podrán elegir el medio con el que comunicarse con la Administración.

c) Las Administraciones Públicas podrán establecer reglamentariamente la obligatoriedad de comunicarse con ellas utilizando sólo medios electrónicos.

d) Tendrán las mismas obligaciones que cualquier persona física en su relación con la Administración.

5. Según el artículo 14 de la LPACAP, NO están obligados a relacionarse electrónicamente con las Administraciones Públicas para la realización de cualquier trámite de un procedimiento administrativo:

a) Los empleados de las Administraciones Públicas en toda relación con estas.

b) Los notarios, en el ejercicio de su actividad profesional.

c) Los registradores mercantiles, en el ejercicio de su actividad profesional.

d) Las entidades sin personalidad jurídica.

6. La voluntad de relacionarse electrónicamente o, en su caso, de dejar de hacerlo cuando ya se había optado anteriormente por ello, podrá realizarse en una fase posterior del procedimiento, si bien deberá comunicarse a dicho órgano de forma que quede constancia de la misma. En ambos casos, los efectos de la comunicación se producirán a partir de:

a) El momento de la comunicación.

b) El momento en que el órgano competente para tramitar el procedimiento haya tenido constancia de la misma.

c) El día siguiente al que el órgano competente para tramitar el procedimiento haya tenido constancia de la misma.

d) El quinto día hábil siguiente a aquel en que el órgano competente para tramitar el procedimiento haya tenido constancia de la misma.

7. ¿Pueden las Administraciones Públicas establecer la obligación de relacionarse con ellas a través de medios electrónicos a otros colectivos distintos de los que la LPACAP menciona expresamente en su artículo 14.2?

a) No, sólo podrá obligarse a los mencionados en dicho artículo.

b) También están obligados los colectivos de personas físicas que por su capacidad económica tengan acceso a los medios electrónicos necesarios.

c) Sí, para determinados procedimientos, si así se recoge expresamente en una ley.

d) Sí, podrá obligarse reglamentariamente para determinados procedimientos y para ciertos colectivos de personas físicas que por razón de su capacidad económica, técnica, dedicación profesional u otros motivos quede acreditado que tienen acceso y disponibilidad de los medios electrónicos necesarios.

8. A menos que su naturaleza exija otra forma más adecuada de expresión y constancia, los actos administrativos se producirán:

a) Por escrito a través de medios electrónicos.

b) Oralmente.

c) Por escrito en papel.

d) Oralmente a través de medios electrónicos.

9. Conforme al artículo 155.1 de la Ley 40/2015, de 1 de octubre, de Régimen Jurídico del Sector Público, cada Administración deberá facilitar el acceso de las restantes Administraciones Públicas a los datos relativos a los interesados que obren en su poder, especificando las condiciones, protocolos y criterios funcionales o técnicos necesarios para acceder a dichos datos con las máximas garantías de seguridad, integridad y:

a) Disponibilidad.

b) Reutilización.

c) Compatibilidad.

d) Trazabilidad.

10. Una comunicación formal de un acto administrativo, de la que se hace depender la eficacia de aquel, es:

a) Un certificado.

b) Un acuse de recibo.

c) Un telegrama.

d) Una notificación.

11. En relación a las notificaciones, no es cierto que:

a) Deban contener el texto íntegro de la resolución.

b) Se practicarán preferentemente por medios electrónicos.

c) Las que contengan medios de pago a favor de los obligados deberán efectuarse por medios electrónicos.

d) En los procedimientos iniciados a solicitud del interesado, la notificación se practicará por el medio señalado al efecto por el interesado.

12. Cuando la notificación por medios electrónicos sea de carácter obligatorio, o haya sido expresamente elegida por el interesado, se entenderá rechazada cuando hayan transcurrido desde la puesta a disposición de la notificación sin que se acceda a su contenido:

a) 7 días naturales.
b) 10 días naturales.
c) 15 días naturales.
d) 20 días naturales.

13. ¿Cuál es la finalidad básica de toda notificación?

a) Validar el acto administrativo.
b) Lograr que el acto administrativo llegue al conocimiento de su destinatario.
c) Mostrar la eficacia del acto administrativo.
d) Comprobar el domicilio del destinatario.

14. Según el artículo 44 de la LPACAP, podemos considerar situaciones de notificación infructuosa:

a) Cuando los interesados de un procedimiento sean conocidos.
b) Cuando la persona que recibe la notificación tiene 14 años.
c) Cuando se ignore el lugar de la notificación.
d) Cuando los interesados no quieran recibir la notificación.

15. No es cierto que toda notificación deba contener:

a) Indicación de si el acto es o no definitivo en la vía administrativa.
b) El texto íntegro de la resolución.
c) La expresión de los recursos que proceden.
d) La motivación de la resolución.

16. En relación a las notificaciones, no es cierto que:

a) Deban contener el texto íntegro de la resolución.
b) Se practicarán preferentemente por medios electrónicos.
c) Las que contengan medios de pago a favor de los obligados deberán efectuarse por medios electrónicos.
d) En los procedimientos iniciados a solicitud del interesado, la notificación se practicará por el medio señalado al efecto por el interesado.

17. Con independencia del medio utilizado, las notificaciones serán válidas siempre que permitan tener constancia de: (señalar la opción incorrecta)

a) Su envío o puesta a disposición.
b) Un extracto del contenido esencial.

c) La identidad fidedigna del remitente y destinatario de la misma.

d) La recepción o acceso por el interesado o su representante.

18. Según el artículo 44 de la LPACAP, podemos considerar situaciones de notificación infructuosa: (señalar la opción incorrecta)

a) Cuando intentada la notificación, no se hubiese podido practicar.

b) Cuando los interesados en un procedimiento sean desconocidos.

c) Cuando el interesado o su representante rechace la notificación.

d) Cuando se ignore el lugar de la notificación.

19. Cuando el interesado fuera notificado por distintos cauces, se tomará como fecha de notificación:

a) La que más convenga al interesado.

b) La de aquélla que se hubiera producido en primer lugar.

c) La de aquélla que se hubiera producido en último lugar.

d) La de la notificación que se emitiera en primer lugar.

20. Cuando la notificación se practique en el domicilio del interesado, y éste no se hallare presente, podrá hacerse cargo de la misma:

a) Cualquier persona mayor de catorce años que se encuentre en el domicilio y haga constar su identidad.

b) Cualquier persona mayor de edad que se encuentre en el domicilio y haga constar su identidad.

c) Cualquier persona con capacidad de obrar que se encuentre en el domicilio y haga constar su identidad.

d) Cualquier persona que se encuentre en el domicilio y haga constar su identidad.

21. Cuando en virtud de una norma sea preciso remitir el expediente electrónico, se enviará completo, foliado, autentificado y acompañado de:

a) La información auxiliar o de apoyo.

b) La norma que lo sustenta.

c) Un recibo del Registro General.

d) Un índice de los documentos que contenga.

22. En relación con el expediente administrativo, NO es cierto, conforme al artículo 70 de la LPACAP, que:

a) Deban tener formato electrónico.

b) Han de incluir la información que tenga carácter auxiliar o de apoyo.

c) En él ha de constar copia electrónica certificada de la resolución adoptada.

d) Ha de incluir un índice numerado de todos los documentos que contenga cuando se remita.

23. ¿Cuál de las siguientes afirmaciones en relación con la autenticación de copias es cierta?

a) Las copias auténticas tienen la misma validez que los documentos originales pero distinta eficacia.

b) Las copias auténticas de documentos privados no pueden surtir efectos administrativos.

c) Las copias auténticas realizadas por una Administración Pública solo tienen validez en su ámbito funcional.

d) Los interesados podrán solicitar, en cualquier momento, la expedición de copias auténticas de los documentos públicos administrativos que hayan sido válidamente emitidos por las Administraciones Públicas.

24. Conforme al artículo 26.2 de la LPACAP, para ser considerados válidos, los documentos electrónicos deberán:

a) Contener información de naturaleza jurídica archivada en un soporte electrónico según un formato determinado susceptible de identificación y tratamiento diferenciado.

b) Carecer de datos de identificación que puedan permitir su individualización.

c) Incorporar los metadatos mínimos exigidos.

d) Formar parte de un expediente administrativo.

25. No requieren de firma electrónica:

a) Los documentos electrónicos enviados por email.

b) Los documentos electrónicos que se publiquen con carácter meramente informativo.

c) Los documentos electrónicos que formen parte de un expediente administrativo.

d) Los documentos electrónicos en general.

Solución al test n.º 7

1. d) Un Punto de Acceso General electrónico de la Administración.

2. d) El medio elegido por la persona para comunicarse con las Administraciones Públicas no puede ser modificado a lo largo del procedimiento.

3. b) Todo aquel que ostente la representación de un interesado.

4. c) Las Administraciones Públicas podrán establecer reglamentariamente la obligatoriedad de comunicarse con ellas utilizando sólo medios electrónicos.

5. a) Los empleados de las Administraciones Públicas en toda relación con estas.

6. d) El quinto día hábil siguiente a aquel en que el órgano competente para tramitar el procedimiento haya tenido constancia de la misma.

7. d) Sí, podrá obligarse reglamentariamente para determinados procedimientos y para ciertos colectivos de personas físicas que por razón de su capacidad económica, técnica, dedicación profesional u otros motivos quede acreditado que tienen acceso y disponibilidad de los medios electrónicos necesarios.

8. a) Por escrito a través de medios electrónicos.

9. a) Disponibilidad.

10. d) Una notificación.

11. c) Las que contengan medios de pago a favor de los obligados deberán efectuarse por medios electrónicos.

12. b) 10 días naturales.

13. b) Lograr que el acto administrativo llegue al conocimiento de su destinatario.

14. c) Cuando se ignore el lugar de la notificación.

15. d) La motivación de la resolución.

16. c) Las que contengan medios de pago a favor de los obligados deberán efectuarse por medios electrónicos.

17. b) Un extracto del contenido esencial.

18. c) Cuando el interesado o su representante rechace la notificación.

19. b) La de aquélla que se hubiera producido en primer lugar.

20. a) Cualquier persona mayor de catorce años que se encuentre en el domicilio y haga constar su identidad.

21. d) Un índice de los documentos que contenga.

22. b) Han de incluir la información que tenga carácter auxiliar o de apoyo.

23. d) Los interesados podrán solicitar, en cualquier momento, la expedición de copias auténticas de los documentos públicos administrativos que hayan sido válidamente emitidos por las Administraciones Públicas.

24. c) Incorporar los metadatos mínimos exigidos.

25. b) Los documentos electrónicos que se publiquen con carácter meramente informativo.

TEST N.º 8

La Ley 40/2015, de 1 de octubre, de Régimen Jurídico del Sector Público. Disposiciones Generales, Órganos de las Administraciones Públicas. Principios de la potestad sancionadora. Responsabilidad patrimonial de las Administraciones Públicas

1. Según el artículo 3 de la Ley 40/2015, uno de los principios de acuerdo con los que actúa la Administración Pública es el de buena fe, confianza legítima y:

a) Lealtad institucional.
b) Proximidad a los ciudadanos.
c) Servicio efectivo a los ciudadanos.
d) Responsabilidad.

2. Según el artículo 3 de la Ley 40/2015, uno de los principios de acuerdo con los que actúa la Administración Pública es el de simplicidad, claridad y:

a) Economía.
b) Eficacia.
c) Proximidad a los ciudadanos.
d) Racionalización.

3. Según el artículo 3 de la Ley 40/2015, uno de los principios de acuerdo con los que actúa la Administración Pública es el de participación, objetividad y:

a) Transparencia de la actuación administrativa.
b) Evaluación de los resultados.
c) Adecuación estricta de los medios a los fines institucionales.
d) Colaboración.

4. Según el artículo 3 de la Ley 40/2015, uno de los principios de acuerdo con los que actúa la Administración Pública es el de racionalización y agilidad de los procedimientos administrativos y de:

a) Las políticas públicas.
b) Las actividades materiales de gestión.
c) Las asignaciones de los recursos públicos.
d) La evaluación de los resultados de las políticas públicas.

5. Las Administraciones Públicas sirven con objetividad:

a) Los intereses generales.
b) Las políticas del Gobierno.
c) Los valores superiores.
d) Los derechos y deberes fundamentales.

6. Las Administraciones Públicas actúan con sometimiento pleno a la Constitución, a la Ley y a:

a) Los Tratados Internacionales.
b) Los Derechos Humanos.
c) El Rey.
d) El Derecho.

7. De los siguientes, ¿cuál no es un requisito exigido para la creación de cualquier órgano administrativo?

a) Determinación de su forma de integración en la Administración Pública de que se trate y su dependencia jerárquica.
b) Delimitación de sus funciones y competencias.
c) Dotación de los créditos necesarios para su puesta en marcha y funcionamiento.
d) Identificación de los órganos con los que vayan a causar duplicación de competencias.

8. En cuanto a la competencia de los órganos administrativos:

a) La competencia es renunciable por los órganos que la tengan atribuida.
b) La titularidad y el ejercicio de las competencias atribuidas a los órganos administrativos no podrán ser desconcentradas en otros jerárquicamente dependientes de aquellos.
c) La encomienda de gestión, la delegación de firma y la suplencia no suponen alteración de la titularidad de la competencia, aunque sí de los elementos determinantes de su ejercicio que en cada caso se prevén.

d) Si alguna disposición atribuye competencia a una Administración, sin especificar el órgano que debe ejercerla, se entenderá que la facultad de instruir y resolver los expedientes corresponde a los órganos superiores competentes por razón de la materia y del territorio.

9. En referencia a los órganos administrativos, podrán delegar competencias relativas a:

a) Asuntos que se refieran a relaciones con la Jefatura del Estado.
b) La adopción de disposiciones de carácter general.
c) La resolución de recursos en los órganos administrativos que hayan dictado los actos objeto de recurso.
d) El ejercicio de la potestad sancionadora.

10. En relación a la delegación de competencias entre órganos administrativos, no es cierto que:

a) La delegación puede ser revocada en cualquier momento por el órgano que la haya conferido.
b) La delegación de competencias atribuidas a órganos colegiados, para cuyo ejercicio ordinario se requiera un quórum especial, deberá adoptarse observando, en todo caso, dicho quórum.
c) Las competencias que se ejercen por delegación pueden ser delegadas.
d) No podrán ser delegadas aquellas materias en que así se determine por norma con rango de ley.

11. En cuanto a la delegación de firma, es cierto que:

a) La delegación de firma altera la competencia del órgano delegante.
b) Para su validez es necesaria su publicación.
c) Solo puede delegarse la firma en materias que se ostenten por atribución.
d) En las resoluciones y actos que se firmen por delegación se hará constar la autoridad de procedencia.

12. En relación a los conflictos de atribuciones entre órganos administrativos, no es cierto que:

a) El órgano administrativo que se estime incompetente para la resolución de un asunto remitirá directamente las actuaciones al órgano que considere competente.
b) Los interesados que sean parte en el procedimiento podrán dirigirse al órgano que se encuentre conociendo de un asunto para que decline su competencia y remita las actuaciones al órgano competente.
c) Los interesados podrán dirigirse al órgano que estimen competente para que requiera de inhibición al que esté conociendo del asunto.
d) Los conflictos de atribuciones solo podrán suscitarse entre órganos de una misma Administración relacionados jerárquicamente.

13. En relación a las instrucciones y órdenes de servicio, no es cierto que:

a) El incumplimiento de las instrucciones u órdenes de servicio supone la invalidez de los actos dictados por los órganos administrativos.

b) Son normas de carácter interno, que no han de afectar a los administrados.

c) No requieren un especial procedimiento de elaboración.

d) Su cumplimiento se subordina al conocimiento de las mismas por sus destinatarios.

14. Las autoridades y el personal al servicio de las Administraciones se abstendrán de intervenir en el procedimiento (señala la opción incorrecta):

a) Cuando tengan interés personal en el asunto de que se trate o en otro en cuya resolución pudiera influir la de aquel.

b) Si tienen parentesco de consanguinidad o de afinidad dentro del cuarto grado, con cualquiera de los interesados.

c) Tener amistad íntima con los administradores de entidades o sociedades interesadas o con los asesores, representantes legales o mandatarios que intervengan en el procedimiento.

d) Haber tenido intervención como perito o como testigo en el procedimiento de que se trate.

15. Señala la opción correcta en relación con la abstención en el procedimiento:

a) La actuación de autoridades y personal al servicio de las Administraciones Públicas en los que concurran motivos de abstención implicará, necesariamente, la invalidez de los actos en que hayan intervenido.

b) Los órganos jerárquicamente superiores podrán ordenar a las personas en quienes se dé alguna de las circunstancias señaladas en el art. 23 de la LRJSP que se abstengan de toda intervención en el expediente.

c) La no abstención en los casos en que proceda no dará lugar a responsabilidad.

d) La enemistad manifiesta no es motivo de abstención en el procedimiento de una autoridad de la Administración Pública.

16. En lo concerniente a la recusación, a la que se refiere el art. 24 de la LRJSP:

a) La recusación deberá promoverse por los interesados antes de que se inicie la tramitación del procedimiento.

b) La recusación se planteará por escrito en el que se expresará la causa o causas en que se funda.

c) Si el recusado niega la causa de recusación, el superior resolverá en el plazo de tres meses, previos los informes y comprobaciones que considere oportunos.

d) Contra las resoluciones adoptadas en esta materia cabe recurso de alzada.

17. Los órganos administrativos podrán dirigir las actividades de sus órganos jerárquicamente dependientes mediante:

a) Instrucciones y Órdenes de servicio.
b) Circulares.
c) Notas de servicio y Recomendaciones.
d) Directrices y Avisos.

18. Según el artículo 7 de la LRJSP, la Administración consultiva podrá articularse a través de los servicios de la Administración activa que prestan asistencia jurídica. En tal caso, dichos servicios:

a) Estarán sujetos a dependencia jerárquica orgánica pero no funcional.
b) No podrán recibir instrucciones, directrices o cualquier clase de indicación de los órganos que hayan elaborado las disposiciones o producido los actos objeto de consulta.
c) Podrán actuar como órganos individuales o como órganos colegiados.
d) Podrán suponer duplicación de otros ya existentes para tener la posibilidad de contrastar pareceres.

19. En el caso de los Organismos públicos o Entidades vinculados o dependientes, la delegación de competencias deberá ser aprobada previamente por:

a) El titular del Ministerio o Consejería a la que se encuentren adscritos.
b) El titular del Ministerio o Consejería competente en materia de Presidencia.
c) El Consejo de Ministros o Consejo de Gobierno de la Comunidad Autónoma.
d) El órgano máximo de dirección, de acuerdo con sus normas de creación.

20. Cuando se trate de órganos no relacionados jerárquicamente, y el delegante y el delegado pertenecen a diferentes Ministerios, ¿se podrá realizar una delegación de competencias?

a) Sí, siempre que el delegante tenga igual o mayor rango que el delegado.
b) No, en ningún caso.
c) Sí, previa aprobación del órgano superior de quien dependa el órgano delegado.
d) Sí, previa aprobación del órgano superior común.

21. El acto que consiste en la transferencia del ejercicio de la competencia decisoria en un asunto concreto hecha mediante un acto de la Administración de contenido no normativo a favor de un órgano superior a aquel que la tiene atribuida como propia o delegada, con carácter general por razón de la materia, la jerarquía o el territorio; se denomina:

a) Invocación.
b) Avocación.

c) Derivación.
d) Alzamiento.

22. En relación a la avocación, es cierto que:

a) La avocación se realizará mediante acuerdo motivado que deberá ser notificado a los interesados en el procedimiento, si los hubiere, con anterioridad a la resolución final que se dicte.

b) Contra el acuerdo de avocación cabrá recurso de alzada, con independencia del que se pueda interponer contra la resolución del procedimiento.

c) En los supuestos de delegación de competencias en órganos no dependientes jerárquicamente, el conocimiento de un asunto podrá ser avocado únicamente por el órgano delegante.

d) Los órganos superiores no podrán avocar para sí el conocimiento de asuntos cuya resolución corresponda ordinariamente o por delegación a sus órganos administrativos dependientes.

23. En relación a la encomienda de gestión, es cierto que:

a) Supone cesión de la titularidad de la competencia.

b) Podrá efectuarse cuando no se posean los medios técnicos idóneos para su desempeño.

c) Podrá tener por objeto prestaciones propias de los contratos regulados en la legislación de contratos del sector público.

d) Supone la cesión de los elementos sustantivos de su ejercicio.

24. En relación a la suplencia, es cierto que:

a) Solo se producirá en casos de abstención o de recusación.

b) Implica alteración de la competencia.

c) Para su validez será necesaria su publicación.

d) Si no se designa suplente, la competencia del órgano administrativo se ejercerá por quien designe el órgano administrativo inmediato superior de quien dependa.

25. En relación a los órganos colegiados, NO es cierto que:

a) Tendrán un Secretario que podrá ser un miembro del propio órgano o una persona al servicio de la Administración Pública correspondiente.

b) Se podrán constituir, convocar, celebrar sus sesiones, adoptar acuerdos y remitir actas tanto de forma presencial como a distancia, salvo que su reglamento interno recoja expresa y excepcionalmente lo contrario.

c) Sus acuerdos serán adoptados por mayoría de votos.

d) El acuerdo de creación y las normas de funcionamiento de todos los órganos colegiados deberán ser publicados en el Boletín o Diario Oficial de la Administración Pública en que se integran.

26. En el caso de creación de órganos colegiados interministeriales cuyo Presidente tenga rango superior al de Director general, la norma de creación deberá revestir la forma de:

a) Ley.
b) Real Decreto.
c) Orden ministerial conjunta.
d) Acuerdo del Consejo de Ministros.

27. Los miembros del órgano colegiado que discrepen del acuerdo mayoritario podrán formular voto particular por escrito en el plazo de:

a) 24 horas.
b) 2 días.
c) 3 días.
d) 4 días.

28. No corresponde al Presidente de cualquier órgano colegiado de la Administración General del Estado y de las Entidades de Derecho Público vinculadas o dependientes de ella:

a) Moderar el desarrollo de los debates.
b) La fijación del orden del día.
c) Preparar el despacho de los asuntos, redactar y autorizar las actas de las sesiones.
d) Visar las actas y certificaciones de los acuerdos del órgano.

29. Las Administraciones Públicas que, en el ejercicio de sus respectivas competencias, establezcan medidas que limiten el ejercicio de derechos individuales o colectivos o exijan el cumplimiento de requisitos para el desarrollo de una actividad:

a) Deberán aplicar el principio de proporcionalidad y elegir la medida menos restrictiva.
b) Deberán motivar su necesidad para la protección del interés público así como justificar su adecuación para lograr los fines que se persiguen.
c) Deberán evaluar periódicamente los efectos de esas medidas y los resultados obtenidos.
d) Todas las respuestas son correctas.

30. ¿Cuál es el principio en virtud del cual la actuación de las Administraciones públicas no puede ser alterada arbitrariamente?

a) El principio de buena fe.
b) El principio de proporcionalidad.
c) El principio de seguridad jurídica.
d) El principio de confianza legítima.

31. Las infracciones administrativas se clasificarán por la Ley en:

a) Graves y leves.
b) Leves, graves y muy graves.
c) Leves, graves, menos graves y muy graves.
d) Muy graves, graves y menos graves.

32. En la determinación normativa del régimen sancionador, así como en la imposición de sanciones por las Administraciones Públicas se deberá observar la debida idoneidad y necesidad de la sanción a imponer y su adecuación a la gravedad del hecho constitutivo de la infracción. La graduación de la sanción considerará especialmente el siguiente criterio:

a) La naturaleza de los perjuicios causados.
b) El grado de culpabilidad o la existencia de intencionalidad.
c) La reincidencia, por comisión en el término de un año de más de una infracción de la misma naturaleza cuando así haya sido declarado por resolución firme en vía administrativa.
d) Todas las respuestas son correctas.

33. Cuando de la comisión de una infracción derive necesariamente la comisión de otra u otras, se deberá imponer:

a) Únicamente la sanción correspondiente a la infracción más grave cometida.
b) Únicamente la sanción correspondiente a la infracción más leve cometida.
c) Únicamente la sanción correspondiente a la primera infracción cometida.
d) Todas y cada una de las sanciones correspondientes a las infracciones cometidas.

34. Las infracciones y sanciones prescribirán según lo dispuesto en las leyes que las establezcan. Si estas no fijan plazos de prescripción, las infracciones muy graves prescribirán:

a) A los cinco años.
b) A los tres años.
c) Al año.
d) A los seis meses.

35. Las infracciones leves prescribirán:

a) Al año.
b) A los seis meses.
c) A los tres meses.
d) Al mes.

36. ¿Cuándo prescriben las sanciones impuestas por faltas graves?

a) A los cinco años.
b) A los tres años.

c) A los dos años.
d) Al año.

37. Señala la respuesta correcta respecto a la prescripción de las infracciones y sanciones:

a) El plazo de prescripción de las infracciones comenzará a contarse desde el día siguiente en que la infracción se hubiera cometido.
b) En el caso de infracciones continuadas o permanentes, el plazo comenzará a correr desde que finalizó la conducta infractora.
c) El plazo de prescripción de las sanciones comenzará a contarse desde el día siguiente a aquel en que sea ejecutable la resolución por la que se impone la sanción o haya transcurrido el plazo para recurrirla.
d) Interrumpirá la prescripción la iniciación, con conocimiento del interesado, del procedimiento de ejecución, volviendo a transcurrir el plazo si aquel está paralizado durante más de un mes por causa no imputable al infractor.

38. ¿En qué caso, las sanciones administrativas de naturaleza pecuniaria, podrán implicar privación de libertad?

a) Cuando la sanción sea por la comisión reiterada de infracciones muy graves.
b) Cuando la sanción sea consecuencia de una infracción muy grave que afecte al interés público general.
c) Cuando el infractor sea reincidente.
d) En ningún caso.

39. ¿Cuándo prescriben las sanciones impuestas por faltas muy graves?

a) A los cinco años.
b) A los tres años.
c) A los dos años.
d) Al año.

40. Con carácter general, las infracciones graves prescribirán:

a) Al año.
b) A los dos años.
c) A los tres años.
d) A los cinco años.

41. Interrumpirá la prescripción de la infracción, la iniciación, con conocimiento del interesado, de un procedimiento administrativo de naturaleza sancionadora, reiniciándose el plazo de prescripción si el expediente sancionador estuviera paralizado durante:

a) Un mes por causa no imputable al presunto responsable.
b) Más de un mes por causa no imputable al presunto responsable.

c) Más de quince días por causa no imputable al presunto responsable.

d) Más de veinte días por causa no imputable al presunto responsable.

42. El artículo 31 de la LRJSP, respecto a las sanciones, en los casos en que se aprecie identidad del sujeto, hecho y fundamento, se dispone que:

a) Podrán sancionarse los hechos que lo hayan sido penal o administrativamente.

b) No podrán sancionarse los hechos en ningún caso.

c) Solo podrán sancionarse los hechos que lo hayan sido penalmente.

d) No podrán sancionarse los hechos que lo hayan sido penal o administrativamente.

43. Una disposición administrativa sancionadora puede tener efectos retroactivos:

a) Respecto de todo tipo de infracciones.

b) En ningún caso, al contravenir los preceptos constitucionales.

c) Cuando favorezca al presunto infractor.

d) Siempre.

44. La aplicación analógica en materia sancionadora:

a) Sirve para cubrir las lagunas legales existentes.

b) Se admite cuando favorezca al presunto infractor.

c) Está expresamente prohibida.

d) Significa que, ante la ausencia de una norma administrativa regulando expresamente el tema de que se trate, se aplican los principios del Derecho Penal.

45. La primera norma que consagró con carácter general la responsabilidad patrimonial de la Administración fue:

a) Ley de Expropiación Forzosa, de 16 de diciembre de 1954.

b) Reglamento de régimen interno del Cuerpo de telégrafos de 1900.

c) Ley 30/92, de 26 de noviembre.

d) La Constitución Republicana de 1931.

46. El sistema de responsabilidad patrimonial se aplica:

a) A todas las Administraciones Públicas.

b) A las Comunidades Autónomas.

c) A las Comunidades Autónomas y a la Administración Local.

d) A la Administración Local.

47. El derecho a ser indemnizados por toda lesión que sufran en sus bienes y derechos como consecuencia del funcionamiento de los servicios públicos se reconoce a:

a) Los particulares.

b) Las personas jurídicas.

c) Los ciudadanos.
d) Las Administraciones.

48. ¿Cómo ha de ser el daño alegado en las reclamaciones de responsabilidad patrimonial?

a) Efectivo, evaluable económicamente e individualizado con relación con una persona o grupo de personas.
b) Directo y resarcible.
c) Susceptible de valoración y demostrable.
d) Debe producir consecuencias negativas en la actividad de la persona dañada.

49. No serán indemnizables los daños:

a) Que el particular no tenga el deber jurídico de soportar de acuerdo con la ley.
b) Producidos por fuerza mayor.
c) Producidos por circunstancias evitables.
d) Producidos por un hecho superable.

50. Existirá responsabilidad patrimonial si la lesión es consecuencia del:

a) Funcionamiento en general de los servicios públicos.
b) Funcionamiento normal o anormal de los servicios públicos.
c) Funcionamiento anormal de los servicios públicos.
d) Funcionamiento ilegal de los servicios públicos.

51. La regla general es que la responsabilidad concurrente de diferentes Administraciones Públicas es:

a) Mancomunada.
b) Solidaria.
c) Indiferente.
d) Indistinta.

52. La Administración podrá abonar la indemnización derivada de una responsabilidad patrimonial:

a) En metálico y regalo de bienes.
b) En especie, si media acuerdo con el interesado.
c) Solo se le permite que el pago lo haga a plazos.
d) Solo podrá utilizarse el pago en especie.

53. En los supuestos en los que el particular conoce a la autoridad o empleado público que le ha causado el daño:

a) Lo demandará ante los tribunales civiles.
b) No lo podrá demandar ante la Administración hasta que el empleado haya reconocido su culpa.

c) Reclamará a la Administración donde el empleado público presta sus servicios.
d) Las respuestas a) y b) son correctas.

54. En relación con la responsabilidad penal del personal al servicio de las Administraciones Públicas el Código Penal no recoge el siguiente tipo delictivo:

a) Malversación.
b) Cohecho.
c) Homicidio.
d) Desobediencia.

55. El plazo de prescripción del derecho a reclamar la responsabilidad patrimonial es de:

a) Cinco años.
b) Seis meses.
c) Un año.
d) Nunca prescribe.

56. En el caso de daños físicos el plazo de prescripción del derecho a reclamar la responsabilidad patrimonial comienza a contarse desde:

a) La fecha de producción del daño.
b) Desde la curación o la determinación del alcance de las secuelas.
c) La fecha de manifestación del efecto lesivo.
d) La fecha del accidente.

57. Si el daño que ha sufrido el particular se ha producido por dolo, culpa o negligencia grave de la autoridad o empleado público:

a) La Administración correspondiente, cuando hubiere indemnizado a los lesionados, les exigirá de oficio en vía administrativa la responsabilidad en que hubieran incurrido.
b) Una vez satisfecha la indemnización la Administración podrá exigir al empleado público su responsabilidad.
c) La Administración correspondiente le pedirá el dinero para después pagar al reclamante.
d) La Administración no exigirá al empleado público su responsabilidad.

58. Transcurridos seis meses desde que se inició el procedimiento de responsabilidad patrimonial sin que haya recaído y notificado resolución expresa podrá entenderse que los efectos que se producen son:

a) Desestimatorios según los casos.
b) Los que señale la propuesta de resolución.
c) Estimatorios.
d) Desestimatorios.

59. La resolución administrativa de los procedimientos de responsabilidad patrimonial:

a) Ponen fin a la vía administrativa.
b) No ponen fin a la vía administrativa.
c) Ponen fin a la vía administrativa en los casos determinados por la ley.
d) No ponen fin a la vía administrativa en los casos determinados por la ley.

60. La responsabilidad administrativa se ha incluido en el siguiente artículo de la Constitución:

a) 103.
b) 137.
c) 9.1º.
d) 106.

61. Cuando la Administración debe indemnizar a un particular por un daño que le ha ocasionado al desarrollar legalmente un servicio público, estamos ante un supuesto:

a) Incluido en la teoría de la indemnización.
b) Incluido en la teoría de la responsabilidad.
c) Que no puede darse en la realidad.
d) En el que no cabe dicha indemnización.

62. Actualmente, la responsabilidad de la Administración se basa en:

a) La culpabilidad de la misma como causa de un daño a un tercero.
b) La existencia real de este daño por la actuación administrativa.
c) La propia responsabilidad del funcionario actuante.
d) Su actuación ilegítima solamente.

63. Se dice que la responsabilidad de la Administración es:

a) Ilimitada.
b) Objetiva.
c) Irreclamable.
d) Subjetiva.

64. Como consecuencia de la responsabilidad objetiva de la Administración:

a) Al particular se le abonará la indemnización procedente, en su caso, al margen de que haya o no culpa en los funcionarios actuantes.
b) La Administración se ve impelida a indemnizar en cualquier supuesto de daño a un particular.

c) Primero habrá que reclamar al funcionario y luego a la Administración.
d) La Administración no tiene por qué abonar indemnización alguna.

65. La antijuridicidad del detrimento patrimonial que sufre un particular como consecuencia de una conducta de la Administración significa que:

a) La Administración incurre en una ilegalidad.
b) El particular es el que debe incurrir en dicha ilegalidad.
c) El particular no está obligado legalmente a soportar el daño causado.
d) Todas las respuestas anteriores son correctas.

66. Si el daño causado por la Administración afecta a la generalidad de los administrados, respecto a la responsabilidad de la misma:

a) No puede exigírsele.
b) Deberá indemnizar a todos los lesionados.
c) Solo indemnizará a los que efectivamente demuestren la lesión sufrida.
d) Nada de lo anterior es correcto.

67. En un supuesto de caso fortuito que provoque un daño, la Administración:

a) Está obligada a indemnizar.
b) No está obligada a indemnizar.
c) Lo estará cuando así lo establezca la Ley.
d) No se puede incurrir en responsabilidad.

68. Para estar obligado a indemnizar no es necesario que el daño sea:

a) Efectivo.
b) Evaluable económicamente.
c) Individualizado.
d) General.

69. Cuando un Tribunal anula un acto administrativo:

a) No se responderá por la Administración.
b) Incurrirá en responsabilidad esta.
c) Puede dar lugar a esta responsabilidad.
d) Se presume esta responsabilidad.

70. La acción de regreso en materia de responsabilidad administrativa:

a) Compete al funcionario declarado responsable.
b) Es subsidiaria en la exigencia de la responsabilidad.
c) Se le permite a la Administración en algunos casos.
d) Corresponde a los perjudicados por el suceso que da lugar a la responsabilidad.

71. Si la Administración se ve obligada a resarcir a un particular por un daño causado por una actuación administrativa en la que ha mediado negligencia grave de un funcionario:

a) Solo le abonará si el funcionario es insolvente y después de dirigirse el particular contra él.

b) Le indemnizará y exigirá de oficio al funcionario su responsabilidad, para la devolución de lo abonado.

c) Indemnizará y abrirá expediente disciplinario al funcionario.

d) Las respuestas a) y b) son ciertas.

72. Cuando la Administración actúe como persona de Derecho Privado, la exigencia de responsabilidad:

a) Se planteará en vía contencioso-administrativa y, después, ante los Tribunales ordinarios.

b) Se planteará, judicialmente, en vía contencioso-administrativa.

c) Se planteará ante el Consejo de Ministros o Consejo de Gobierno, en su caso.

d) No prosperará.

73. El ejercicio de la acción de responsabilidad pierde su viabilidad a partir del/de los:

a) Año en que se causó el daño.

b) Seis meses desde dicho daño.

c) Dos años desde el mismo.

d) No tiene límite alguno.

74. En el caso de los procedimientos de responsabilidad patrimonial será preceptivo solicitar informe al servicio cuyo funcionamiento haya ocasionado la presunta lesión indemnizable, no pudiendo exceder el plazo de su emisión de:

a) Un mes.

b) Veinte días.

c) Quince días.

d) Diez días.

Solución al test n.º 8

1. a) Lealtad institucional.

2. c) Proximidad a los ciudadanos.

3. a) Transparencia de la actuación administrativa.

4. b) Las actividades materiales de gestión.

5. a) Los intereses generales.

6. d) El Derecho.

7. d) Identificación de los órganos con los que vayan a causar duplicación de competencias.

8. c) La encomienda de gestión, la delegación de firma y la suplencia no suponen alteración de la titularidad de la competencia, aunque sí de los elementos determinantes de su ejercicio que en cada caso se prevén.

9. d) El ejercicio de la potestad sancionadora.

10. c) Las competencias que se ejercen por delegación pueden ser delegadas.

11. d) En las resoluciones y actos que se firmen por delegación se hará constar la autoridad de procedencia.

12. d) Los conflictos de atribuciones solo podrán suscitarse entre órganos de una misma Administración relacionados jerárquicamente.

13. a) El incumplimiento de las instrucciones u órdenes de servicio supone la invalidez de los actos dictados por los órganos administrativos.

14. b) Si tienen parentesco de consanguinidad o de afinidad dentro del cuarto grado, con cualquiera de los interesados.

15. b) Los órganos jerárquicamente superiores podrán ordenar a las personas en quienes se dé alguna de las circunstancias señaladas en el art. 23 de la LRJSP que se abstengan de toda intervención en el expediente.

16. b) La recusación se planteará por escrito en el que se expresará la causa o causas en que se funda.

17. a) Instrucciones y Órdenes de servicio.

18. b) No podrán recibir instrucciones, directrices o cualquier clase de indicación de los órganos que hayan elaborado las disposiciones o producido los actos objeto de consulta.

19. d) El órgano máximo de dirección, de acuerdo con sus normas de creación.

20. c) Sí, previa aprobación del órgano superior de quien dependa el órgano delegado.

21. b) Avocación.

22. c) En los supuestos de delegación de competencias en órganos no dependientes jerárquicamente, el conocimiento de un asunto podrá ser avocado únicamente por el órgano delegante.

23. b) Podrá efectuarse cuando no se posean los medios técnicos idóneos para su desempeño.

24. d) Si no se designa suplente, la competencia del órgano administrativo se ejercerá por quien designe el órgano administrativo inmediato superior de quien dependa.

25. d) El acuerdo de creación y las normas de funcionamiento de todos los órganos colegiados deberán ser publicados en el Boletín o Diario Oficial de la Administración Pública en que se integran.

26. b) Real Decreto.

27. b) 2 días.

28. c) Preparar el despacho de los asuntos, redactar y autorizar las actas de las sesiones.

29. d) Todas las respuestas son correctas.

30. d) El principio de confianza legítima.

31. b) Leves, graves y muy graves.

32. d) Todas las respuestas son correctas.

33. a) Únicamente la sanción correspondiente a la infracción más grave cometida.

34. b) A los tres años.

35. b) A los seis meses.

36. c) A los dos años.

37. a) El plazo de prescripción de las infracciones comenzará a contarse desde el día siguiente en que la infracción se hubiera cometido.

38. d) En ningún caso.

39. b) A los tres años.

40. b) A los dos años.

41. b) Más de un mes por causa no imputable al presunto responsable.

42. d) No podrán sancionarse los hechos que lo hayan sido penal o administrativamente.

43. c) Cuando favorezca al presunto infractor.

44. c) Está expresamente prohibida.

45. a) Ley de Expropiación Forzosa, de 16 de diciembre de 1954.

46. a) A todas las Administraciones Públicas.

47. a) Los particulares.

48. a) Efectivo, evaluable económicamente e individualizado con relación con una persona o grupo de personas.

49. b) Producidos por fuerza mayor.

50. b) Funcionamiento normal o anormal de los servicios públicos.

51. b) Solidaria.

52. b) En especie, si media acuerdo con el interesado.

53. c) Reclamará a la Administración donde el empleado público presta sus servicios.

54. c) Homicidio.

55. c) Un año.

56. b) Desde la curación o la determinación del alcance de las secuelas.

57. a) La Administración correspondiente, cuando hubiere indemnizado a los lesionados, les exigirá de oficio en vía administrativa la responsabilidad en que hubieran incurrido.

58. d) Desestimatorios.

59. a) Ponen fin a la vía administrativa.

60. d) 106.

61. a) Incluido en la teoría de la indemnización.

62. b) La existencia real de este daño por la actuación administrativa.

63. b) Objetiva.

64. a) Al particular se le abonará la indemnización procedente, en su caso, al margen de que haya o no culpa en los funcionarios actuantes.

65. c) El particular no esté obligado legalmente a soportar el daño causado.

66. a) No puede exigírsele.

67. a) Está obligada a indemnizar.

68. d) General.

69. c) Puede dar lugar a esta responsabilidad.

70. c) Se le permite a la Administración en algunos casos.

71. b) Le indemnizará y exigirá de oficio al funcionario su responsabilidad, para la devolución de lo abonado.

72. b) Se planteará, judicialmente, en vía contencioso-administrativa.

73. a) Año en que se causó el daño.

74. d) Diez días.

TEST N.º 9

**El Presupuesto General de las entidades locales. Concepto
y contenido. Especial referencia a las bases de ejecución del
presupuesto. Elaboración y aprobación. Los créditos y sus
modificaciones. Ejecución y liquidación. Control y fiscalización**

1. Los Presupuestos Generales de las Entidades Locales constituyen de acuerdo con el Texto Refundido de la Ley Reguladora de las Haciendas Locales:

a) La expresión de las obligaciones que, como máximo, pueden reconocer la Entidad y sus Organismos Autónomos.

b) La expresión cifrada, conjunta y sistemática de las obligaciones que, como máximo, pueden reconocer la Entidad y sus Organismos Autónomos.

c) La expresión cifrada, general y sistemática de las obligaciones que, como máximo, pueden reconocer la Entidad y sus Organismos Autónomos.

d) La expresión contable, conjunta y sistemática de las obligaciones que, como máximo, pueden reconocer la Entidad y sus Organismos Autónomos.

2. Las Entidades Locales elaborarán y aprobarán anualmente un Presupuesto General en el que se integrarán:

a) El Presupuesto de los organismos autónomos dependientes.

b) Los estados de previsión de gastos e ingresos de las Sociedades Mercantiles cuyo capital social pertenezca íntegramente a la Entidad Local.

c) Las respuestas a) y b) son correctas.

d) El presupuesto agregado de la propia Entidad.

3. El contenido mínimo de las Bases de Ejecución del Presupuesto deberá incluir:

a) Normas que regulen el procedimiento de ejecución del Presupuesto.

b) Regulación de las transferencias de créditos.

c) Niveles de vinculación jurídica de los créditos.

d) Todas respuestas son correctas.

4. ¿Qué norma regula la estructura de los Presupuestos de las Entidades Locales?

a) Orden EHA/3565/2006, de 3 de diciembre, por la que se aprueba la estructura de los Presupuestos de las Entidades Locales de los bienes de uso privado.

b) Orden EHA/3565/2008, de 3 de diciembre, por la que se aprueba la estructura de los Presupuestos de las Entidades Locales.

c) Orden de 20 de septiembre de 1989 por la que se establece la estructura de los presupuestos de las entidades locales.

d) Orden EHA/3565/2005, de diciembre, por la que se aprueba la estructura de los presupuestos de las entidades locales.

5. Dentro de las áreas de gasto del presupuesto, se incluye en el área de gasto 2 referente a Actuaciones de protección y promoción social:

a) Seguridad y movilidad ciudadana.

b) Pensiones.

c) Cultura.

d) Agricultura, ganadería y pesca.

6. ¿En qué área de gasto se incluye la política de gasto denominada "Infraestructuras"?

a) Actuaciones de carácter económico.

b) Actuaciones de carácter general.

c) Producción de bienes públicos de carácter preferente.

d) Deuda pública.

7. ¿En qué área de gasto se incluye la política de gasto denominada "Administración financiera y tributaria"?

a) Actuaciones de carácter general.

b) Actuaciones de carácter económico.

c) Actuaciones de protección y promoción social.

d) Producción de bienes públicos de carácter preferente.

8. ¿En qué área de gasto se incluye la política de gasto denominada "Sanidad"?

a) Producción de bienes públicos de carácter preferente.

b) Actuaciones de protección y promoción social.

c) Servicios públicos básicos.

d) Actuaciones de carácter general.

9. ¿En qué área de gasto se incluye la política de gasto denominada "Fomento del empleo"?

a) Servicios públicos básicos.

b) Actuaciones de protección y promoción social.

c) Actuaciones de carácter económico.

d) Actuaciones de carácter general.

10. En relación con la Clasificación Económica de los Gastos del Presupuesto de las Entidades Locales se distingue entre:

a) Operaciones abiertas y cerradas.

b) Operaciones limitadas y no limitadas.

c) Operaciones financieras y no financieras.

d) Operaciones a préstamo y liberadas.

11. El Fondo de Contingencia tiene como fin:

a) Atender al abono de los intereses de las operaciones de crédito.

b) Hacer frente a los gastos de contratación del personal laboral.

c) Completar aquellas aplicaciones presupuestarias que necesiten ser ampliadas.

d) Atender a las necesidades imprevistas, inaplazables y no discrecionales, para las que no exista crédito presupuestario o el previsto resulte insuficiente.

12. El Fondo de Contingencia y Otros Imprevistos se ha de incluir obligatoriamente en los Presupuestos:

a) De los municipios con población superior a 5.000 habitantes.

b) De las capitales de provincia.

c) De los municipios con población superior a 15.000 habitantes.

d) De los municipios con población superior a 25.000 habitantes.

13. Respecto a la Clasificación Económica de los Gastos del Presupuesto de las Entidades Locales, dentro del capítulo 1: Gastos de personal, se encuentra el gasto siguiente:

a) Gastos de naturaleza social.

b) Cotizaciones obligatorias de las entidades locales y de sus organismos autónomos a los distintos regímenes de Seguridad Social.

c) Retribuciones fijas y variables.

d) Todas las respuestas son verdaderas.

14. En relación con la Clasificación Económica de los Ingresos del Presupuesto de las Entidades Locales:

a) Se distinguen las operaciones no financieras de las financieras, subdividiéndose las segundas en operaciones corrientes y de capital.

b) Se distinguen las operaciones no financieras de las financieras, subdividiéndose las primeras en operaciones corrientes y de capital.

c) Se distinguen las operaciones no financieras, operaciones corrientes y de capital.

d) Se distinguen las operaciones no financieras de las financieras y de capital.

15. En relación con la Clasificación Económica de los Ingresos del Presupuesto de las Entidades Locales no forman parte de las operaciones corrientes:

a) Impuestos directos.
b) Transferencias de capital.
c) Tasas, precios públicos y otros ingresos.
d) Ingresos patrimoniales.

16. En la Clasificación Económica de los Ingresos del Presupuesto de las Entidades Locales y dentro de los Pasivos Financieros se recoge:

a) El ingreso que obtienen las entidades locales y sus organismos autónomos por la enajenación de activos financieros.
b) La financiación de las entidades locales y sus organismos autónomos procedente de la emisión de Deuda Pública.
c) Las dos respuestas anteriores son correctas.
d) Ninguna respuesta es correcta.

17. ¿Quién forma el presupuesto de la Entidad Local?

a) El Presidente de la entidad.
b) El Interventor.
c) El Secretario.
d) El Tesorero.

18. Deberán unirse al presupuesto como documentación:

a) Anexo de las inversiones a realizar en un plazo de cuatro años.
b) Anexo de personal de la Entidad Local.
c) Liquidación de los presupuestos de ejercicios anteriores.
d) Todas las respuestas son verdaderas.

19. Aprobado inicialmente el presupuesto general, se expondrá al público, previo anuncio en el boletín oficial de la provincia o, en su caso, de la comunidad autónoma uniprovincial:

a) Por quince días.
b) Por treinta días.
c) Por veinte días.
d) Por cuarenta días.

20. El presupuesto se considerará definitivamente aprobado si durante el plazo de alegaciones:

a) No se hubiesen presentado reclamaciones.
b) Se hubieran presentado reclamaciones con falta de motivación.

c) Se hubieran presentado reclamaciones infundadas.

d) Se hubieran presentado reclamaciones extemporáneas o basadas en datos irreales.

21. Únicamente podrán entablarse reclamaciones contra el Presupuesto:

a) Por ser de manifiesta insuficiencia los ingresos con relación a los gastos.

b) Por no haberse ajustado su elaboración a los trámites legalmente establecidos al efecto.

c) Por no haberse ajustado su aprobación a los trámites legalmente establecidos al efecto.

d) Todas las respuestas son válidas.

22. Si al iniciarse el ejercicio económico no hubiese entrado en vigor el presupuesto correspondiente:

a) Se iniciará de nuevo todo el procedimiento de aprobación.

b) Dará lugar a una cuestión de confianza.

c) Se considerará automáticamente prorrogado el del anterior, con sus créditos iniciales.

d) Se adoptará una moción de censura.

23. Los Créditos extraordinarios son:

a) Aquellas modificaciones del Presupuesto de Gastos en los que el crédito previsto resulta insuficiente y no puede ser objeto de ampliación.

b) Aquella modificación del Presupuesto de gastos mediante la que, sin alterar la cuantía total del mismo, se imputa el importe total o parcial de un crédito a otras partidas presupuestarias con diferente vinculación jurídica.

c) Aquellas modificaciones del Presupuesto de Gastos, mediante las que se asigna crédito para la realización de un gasto específico y determinado que no puede demorarse hasta el ejercicio siguiente y para el que no existe crédito.

d) La incorporación de remanentes de crédito de ejercicio anterior.

24. Los créditos extraordinarios y los suplementos de crédito se podrán financiar indistintamente con el siguiente recurso:

a) Con cargo al Remanente Líquido de Tesorería.

b) Mediante anulaciones o bajas de créditos.

c) Las respuestas a y b son correctas.

d) Mediante la venta de bienes patrimoniales de la entidad local.

25. La aprobación de las transferencias de crédito entre distintos grupos de función será competencia:

a) Del órgano que señale las Bases de ejecución del presupuesto.

b) Del Pleno de la Corporación, salvo cuando las bajas y las altas afecten a créditos de personal.

c) Del Presidente de la entidad.

d) Las respuestas b) y c) son correctas.

26. Las transferencias de crédito de cualquier clase estarán sujetas a las siguientes limitaciones:

a) No afectarán a los créditos ampliables.
b) No afectarán a suplementos de crédito concedidos durante el ejercicio.
c) Solo podrán incrementar créditos en un cincuenta por ciento.
d) Las respuestas a) y c) son correctas.

27. Como consecuencia de la liquidación del presupuesto no deberá determinarse:

a) Los remanentes de los presupuestos de los cinco ejercicios anteriores.
b) Los derechos pendientes de cobro y las obligaciones pendientes de pago a 31 de diciembre.
c) El resultado presupuestario del ejercicio.
d) El remanente de Tesorería.

28. A la propuesta de los expedientes de concesión de créditos extraordinarios y suplementos de créditos se habrá de acompañar:

a) Una Memoria justificativa.
b) El estado de ingresos de la entidad.
c) El estado de gastos de la entidad.
d) Las respuestas b) y c) son correctas.

29. Contra la aprobación definitiva del Presupuesto podrá:

a) Interponerse directamente recurso contencioso-administrativo.
b) Interponerse directamente recurso ante el Tribunal de Cuentas.
c) Interponerse recurso de alzada ante el Pleno.
d) Ninguna respuesta es correcta.

30. Tendrán la consideración de interesados para presentar reclamaciones ante la aprobación inicial del presupuesto:

a) Las Cámaras Oficiales.
b) Los Sindicatos.
c) Cualquier ciudadano.
d) Las respuestas a) y b) son correctas.

31. El Presupuesto, con respecto a los gastos, es un/una:

a) Previsión.
b) Límite mínimo.
c) Límite cuantitativo.
d) Cálculo aproximado.

32. Las obligaciones reconocidas y los derechos liquidados se aplicarán a los Presupuestos:

a) Por su importe íntegro.
b) En ningún supuesto.
c) Minorándose.
d) Nada de lo anterior es cierto.

33. Las reglas que deben seguirse en la ejecución del Presupuesto se contienen en la/las/los:

a) Memoria del mismo.
b) Delegaciones de gastos.
c) Bases de Ejecución.
d) Estudios Financieros.

34. A la obligación de la Entidad de destinar los créditos al fin específico que se detalle en la plasmación escrita del Presupuesto, sin poder realizar cambios o traslados de los mismos a otros fines no recogidos en el nivel de que se trate se le denomina:

a) Regulación de las transferencias de créditos.
b) Acumulación de varias fases de la ejecución del Presupuesto.
c) Niveles de vinculación jurídica de los créditos.
d) Disponibilidad presupuestaria.

35. Debe acompañarse como Anexo al Presupuesto General de una Corporación el/los:

a) Presupuestos de los Organismos Autónomos dependientes de la misma.
b) Estados de previsión de gastos e ingresos de las Sociedades Mercantiles de capital íntegro de la Entidad.
c) Estado de consolidación del Presupuesto de la propia Entidad con el de todos los Presupuestos y estados de previsión de sus Organismos Autónomos y Sociedades Mercantiles.
d) Las respuestas a) y b) son ciertas.

36. Debe acompañarse como Anexo al Presupuesto General de una Corporación el/los:

a) Niveles de vinculación jurídica de los créditos.
b) Presupuesto de los Organismos Autónomos dependientes de la Entidad.
c) Estados de Gastos.
d) Planes y programas de inversión y financiación.

37. Las estimaciones de los distintos recursos económicos a liquidar durante el ejercicio se contienen en/en el:

a) Estado de Ingresos.
b) Estado de previsión de gastos e ingresos.

c) Estado de Gastos.
d) Ninguno de ellos.

38. Por su parte, los créditos necesarios para atender el cumplimiento de las obligaciones ordinarias se contienen en/en el:

a) Estado de Ingresos.
b) Plan de Inversión.
c) Estado de Gastos.
d) Todos los anteriores.

39. El Plan de Inversiones de una Corporación debe coordinarse con el/los:

a) Planes de Etapas del Planeamiento Urbanístico.
b) Programa Financiero o de Financiación.
c) Planes de Inversiones de la Comunidad Autónoma.
d) Las respuestas a) y b) son ciertas.

40. El Plan de Inversiones de una Corporación debe completarse con el/los:

a) Programa de Actuación del Planeamiento Urbanístico.
b) Planes de Etapas del citado Planeamiento.
c) Planes de Inversión autonómicos.
d) Programa Financiero o de Financiación.

41. El Plan de Inversiones de una Corporación se formula por un plazo de:

a) Ocho años.
b) Un año, prorrogable uno más.
c) Cuatro años.
d) Dos años.

42. El Plan de Inversiones de una Corporación se revisa con carácter:

a) Trimestral.
b) Anual.
c) Bianual.
d) Semestral.

43. Del Plan de Inversiones se da cuenta, en un Municipio de régimen común, al/a la:

a) Junta de Gobierno Local, al comienzo de cada ejercicio.
b) Pleno coincidiendo con la aprobación del Presupuesto.
c) Alcalde, cada mes.
d) Opinión pública, al finalizar el mandato de la Corporación.

44. Con la revisión anual del Plan de Inversiones en un Municipio de régimen común:

a) Se liquida el mismo con carácter definitivo.
b) Se le añade un nuevo ejercicio a sus previsiones.
c) Censura la gestión de la Corporación.
d) Nada de lo anterior es correcto.

45. Los Presupuestos que se integran en el Presupuesto General de la Corporación deberán aprobarse:

a) Separadamente de este.
b) Con déficit equilibrado.
c) Sin déficit inicial.
d) Por el Alcalde.

46. Para que, a lo largo del ejercicio económico no se presente déficit en el Presupuesto:

a) Se compensarán en el mismo momento en que se acuerden los decrementos de los créditos y los incrementos de los ingresos.
b) Dicha compensación se efectuará respecto de los decrementos de los ingresos y los incrementos de los créditos.
c) No se llevará a cabo gasto alguno que lo provoque.
d) Se incrementarán los conceptos tributarios vigentes.

47. La estructura de los Presupuestos de las Corporaciones Locales se fija por el:

a) Presidente de las mismas.
b) Ministerio de Hacienda.
c) Pleno de ellas.
d) Interventor General de Fondos respectivo.

48. ¿Quién puede aprobar Reglamentos o Normas generales que desarrollen los procedimientos de ejecución del Presupuesto?

a) El Presidente de la Entidad Local.
b) La Junta General de la Entidad Local.
c) El Pleno de la Entidad Local.
d) El Alcalde de la Entidad Local.

49. Dentro de la clasificación por programas de los gastos, el Área de Gasto 1 se refiere a la:

a) Servicios públicos básicos.
b) Actuaciones de carácter económico.

c) Actuaciones de carácter general.
d) Actuaciones de protección y promoción social.

50. Las áreas de gasto se dividen con carácter inmediato en:

a) Grupos de programas.
b) Políticas de programas.
c) Políticas de gasto.
d) Capítulos de gasto.

51. En la Clasificación Económica de los Gastos no hay Capítulo:

a) De transferencias corrientes.
b) Número diez.
c) De gastos financieros.
d) De activos financieros.

52. Según la Clasificación Económica, los gastos se clasifican, dentro de las operaciones no financieras, en:

a) De obligaciones generales y obligaciones diversas.
b) De actividades generales y económicas.
c) Por objetivos.
d) De operaciones de capital y operaciones corrientes.

53. La política de gasto de los órganos de gobierno de una Corporación Local se incluye en la siguiente área de gasto:

a) 1.
b) 4.
c) 9.
d) 0.

54. Por su parte, la Cultura se incluye en la siguiente área de gasto:

a) 1.
b) 2.
c) 3.
d) 4.

55. Las partidas presupuestarias desarrollan, dentro de la Clasificación Económica de los gastos, los/las:

a) Subfunciones.
b) Subconceptos.
c) Programas.
d) Artículos.

56. El Capítulo 1 de la Clasificación Económica de los Gastos se refiere a:

a) Gastos financieros.
b) Transferencias corrientes.
c) Gastos de Personal.
d) Gastos de servicios.

57. La adquisición de activos financieros por las Entidades Locales, se recoge en el siguiente Capítulo de la Clasificación Económica de los Gastos:

a) 8.
b) 9.
c) 7.
d) 6.

58. Por su parte, dentro de dicha Clasificación, los gastos de indemnizaciones por razón del servicio a los funcionarios se recogen en el siguiente Capítulo:

a) Gastos de Personal.
b) Gastos en bienes corrientes y de servicios.
c) Transferencias corrientes.
d) Gastos Financieros.

59. En la Clasificación Económica de los Ingresos, la financiación de las Entidades procedente de la emisión de deuda pública se recoge en el siguiente Capítulo:

a) Transferencias corrientes.
b) Ingresos patrimoniales.
c) Pasivos Financieros.
d) Transferencias de capital.

60. El Presupuesto de las Entidades Locales legalmente debe aprobarse definitivamente:

a) Antes de concluir el ejercicio económico en el que haya de aplicarse.
b) Antes de concluir el ejercicio económico anterior a aquel en que vaya a regir.
c) Cuando lo estime oportuno la Corporación.
d) En el mes de enero del ejercicio económico a que se refiera.

61. A efectos de su aprobación, el Presidente de la Corporación remitirá al Pleno de la misma el proyecto de Presupuesto:

a) Antes del 15 de octubre del año anterior al en que va a regir.
b) Al finalizar el ejercicio económico anterior.
c) Cuando se lo demande el propio Pleno.
d) El primer día hábil del mes de enero del ejercicio económico al que se refiera.

62. En el supuesto de que no esté aprobado el Presupuesto antes del primer día del ejercicio económico a que se refiera:

a) No puede realizarse gasto alguno hasta que no se efectúe dicha aprobación.
b) Incurrirá en responsabilidad contable el Presidente.
c) Deberá incoarse expediente de habilitación de créditos.
d) Se prorroga automáticamente el del ejercicio anterior.

63. La formación del Proyecto de Presupuesto, en un Municipio de régimen común, es competencia del:

a) Pleno de la Corporación.
b) Presidente de la misma.
c) Interventor General de Fondos.
d) Tesorero.

64. El plazo de exposición al público de un Presupuesto, tras su aprobación inicial es de:

a) Treinta días hábiles.
b) Quince días hábiles.
c) Quince días naturales.
d) Un mes.

65. El Pleno de la Corporación tiene de plazo para resolver las reclamaciones presentadas en el período de exposición al público del Presupuesto:

a) Dos meses.
b) Un mes.
c) Treinta días.
d) Veinte días.

66. Debe insertarse el Presupuesto íntegramente en el:

a) Diario de mayor difusión de la Provincia.
b) Boletín Oficial de la Corporación, si lo tuviere.
c) Boletín Oficial de la Provincia.
d) Tablón de Edictos de la Corporación.

67. El Presupuesto entrará en vigor desde:

a) Su aprobación definitiva por el Pleno.
b) La recepción de copia del mismo por la Administración del Estado y de la Comunidad Autónoma respectiva.
c) La publicación en el diario de mayor circulación de la Provincia.

d) El ejercicio correspondiente, una vez publicado en el boletín oficial de la corporación, si lo tuviera, y, resumido por capítulos de cada uno de los presupuestos que lo integran, en el de la provincia o, en su caso, de la Comunidad Autónoma uniprovincial.

68. Contra la aprobación definitiva del Presupuesto el recurso que puede interponerse es:

a) Obligatoriamente, el de reposición como previo a la vía contencioso-administrativa.
b) Ante el Tribunal de Cuentas.
c) El contencioso-administrativo, sin necesidad de previa reposición.
d) El económico-administrativo.

69. El informe del Tribunal de Cuentas está previsto para el supuesto de que:

a) El Presupuesto se apruebe fuera del plazo señalado para ello.
b) Cuando la impugnación se refiera a la nivelación presupuestaria.
c) Se opte por prescindir del período de exposición al público.
d) Se lo pida el Presidente de la Corporación.

70. El acto mediante el cual se declara la existencia de un crédito exigible contra la Entidad derivado de un gasto autorizado y comprometido se denomina:

a) Ordenación de pago.
b) Disposición de gasto.
c) Liquidación de la obligación.
d) Autorización del gasto.

71. Cuando haya de efectuarse un gasto que no tenga crédito previsto en el Presupuesto se:

a) Hace un nuevo Presupuesto.
b) Acude a un suplemento de crédito.
c) Acude a un crédito extraordinario.
d) Utiliza un crédito no afectado.

72. ¿Cómo se denominan aquellas modificaciones del Presupuesto de Gastos en los que, siendo necesario realizar un gasto específico y determinado que no puede demorarse hasta el ejercicio siguiente, el crédito previsto resulta insuficiente y no puede ser objeto de ampliación?

a) Crédito extraordinario.
b) Suplemento de crédito.
c) Ampliación de crédito.
d) Crédito ampliable.

73. El Remanente Líquido de Tesorería, con el que financiar un crédito extraordinario o un suplemento de crédito, se integra por:

a) Mayores ingresos efectivamente recaudados que los previstos.
b) Fondos líquidos y derechos pendientes de cobro.
c) Anulaciones o bajas de créditos.
d) Operaciones especiales de crédito.

74. Se puede acudir a una operación de crédito para dotar un crédito extraordinario o un suplemento de crédito, con el fin de atender nuevos gastos por operaciones corrientes, siempre que la carga financiera de la Entidad no supere el siguiente porcentaje:

a) 25 %.
b) 10 %.
c) 5 %.
d) 50 %.

75. En el caso de acudir a una operación de crédito para dotar un crédito extraordinario o un suplemento de crédito, con el fin de atender nuevos gastos por operaciones corrientes, la operación de crédito ha de quedar cancelada:

a) Antes de que concluya el ejercicio económico en el que se contraiga.
b) Antes de dos años.
c) Antes de que se renueve la Corporación.
d) Utilizando créditos ampliables.

76. El expediente de habilitación de créditos ha de ser ejecutivo:

a) Después de renovarse la Corporación.
b) En cualquiera de los ejercicios que de mandato tenga la Corporación.
c) En el mismo ejercicio en el que se apruebe.
d) Cuando lo estime oportuno el Alcalde, según las necesidades planteadas.

77. El plazo para resolver una reclamación contra un acuerdo de habilitación de créditos por calamidades públicas es de:

a) Un mes.
b) Quince días.
c) Diez días.
d) Ocho días.

78. Tiene carácter inmediatamente ejecutivo un acuerdo sobre:

a) Habilitación de crédito extraordinario.
b) Habilitación de crédito extraordinario en caso de catástrofe pública.
c) Cualquier suplemento de crédito.
d) Ninguno de los anteriores.

79. La modificación del Presupuesto de gastos mediante la que, sin alterar la cuantía total del mismo, se imputa el importe total o parcial de un crédito a otras partidas presupuestarias con diferente vinculación jurídica se denomina:

a) Habilitación de créditos extraordinarios.
b) Transferencias de crédito.
c) Generaciones de créditos por ingresos.
d) Bajas por anulación.

80. El órgano competente para efectuar la liquidación del Presupuesto, en un Municipio de régimen común, es el/la:

a) Junta de Gobierno Local.
b) Pleno de la Corporación.
c) Tribunal de Cuentas.
d) Alcalde o Presidente.

81. ¿A quién corresponde la incoación del expediente de concesión de crédito extraordinario?

a) Al Pleno de la Entidad local.
b) A la Junta de Gobierno local.
c) Al Secretario de la Corporación local.
d) Al Presidente de la Entidad local.

82. Señala cuál de las siguientes no puede ser una modificación de crédito que se lleve a cabo en los Presupuestos de Gastos de la Entidad y de sus Organismos Autónomos:

a) La incorporación de remanentes de crédito de ejercicio anterior.
b) Las bajas por anulación.
c) La generación de créditos por ingresos.
d) Las transferencias de remanentes de otras entidades.

83. La confección de los estados demostrativos de la liquidación del Presupuesto de la Entidad local, deberá realizarse:

a) Antes del día 1 de marzo del ejercicio siguiente.
b) Antes del día 31 de diciembre del ejercicio actual.
c) Antes del día 31 de octubre del ejercicio siguiente.
d) Antes del día 1 de enero del ejercicio actual.

84. Los remanentes de crédito no estarán integrados por:

a) La diferencia entre los gastos dispuestos o comprometidos y las obligaciones reconocidas.
b) La suma de los créditos disponibles, créditos no disponibles y créditos retenidos pendientes de utilizar.

c) La diferencia entre los gastos reconocidos y las obligaciones pendientes de reconocer.
d) La diferencia entre los gastos autorizados y los gastos comprometidos.

85. Con carácter general, los remanentes de crédito, al cierre del ejercicio:

a) Quedarán anulados y no se podrán incorporar al Presupuesto del ejercicio siguiente.
b) Quedarán anulados pero se podrán incorporar al Presupuesto del ejercicio siguiente.
c) No son anulados y se podrán incorporar al Presupuesto del ejercicio siguiente.
d) Se incorporan al Presupuesto del ejercicio siguiente, en todo caso.

Solución al test n.º 9

1. b) La expresión cifrada, conjunta y sistemática de las obligaciones que, como máximo, pueden reconocer la Entidad y sus Organismos Autónomos.

2. c) Las respuestas a) y b) son correctas.

3. d) Todas respuestas son correctas.

4. b) Orden EHA/3565/2008, de 3 de diciembre, por la que se aprueba la estructura de los Presupuestos de las Entidades Locales.

5. b) Pensiones.

6. a) Actuaciones de carácter económico.

7. a) Actuaciones de carácter general.

8. a) Producción de bienes públicos de carácter preferente.

9. b) Actuaciones de protección y promoción social.

10. c) Operaciones financieras y no financieras.

11. d) Atender a las necesidades imprevistas, inaplazables y no discrecionales, para las que no exista crédito presupuestario o el previsto resulte insuficiente.

12. b) De las capitales de provincia.

13. d) Todas las respuestas son verdaderas.

14. b) Se distinguen las operaciones no financieras de las financieras, subdividiéndose las primeras en operaciones corrientes y de capital.

15. b) Transferencias de capital.

16. b) La financiación de las entidades locales y sus organismos autónomos procedente de la emisión de Deuda Pública.

17. a) El Presidente de la entidad.

18. b) Anexo de personal de la Entidad Local.

19. a) Por quince días.

20. a) No se hubiesen presentado reclamaciones.

21. d) Todas las respuestas son válidas.

22. c) Se considerará automáticamente prorrogado el del anterior, con sus créditos iniciales.

23. c) Aquellas modificaciones del Presupuesto de Gastos, mediante las que se asigna crédito para la realización de un gasto específico y determinado que no puede demorarse hasta el ejercicio siguiente y para el que no existe crédito.

24. c) Las respuestas a y b son correctas.

25. b) Del Pleno de la Corporación, salvo cuando las bajas y las altas afecten a créditos de personal.

26. a) No afectarán a los créditos ampliables.

27. a) Los remanentes de los presupuestos de los cinco ejercicios anteriores.

28. a) Una Memoria justificativa.

29. a) Interponerse directamente recurso contencioso-administrativo.

30. d) Las respuestas a) y b) son correctas.

31. c) Límite cuantitativo.

32. a) Por su importe íntegro.

33. c) Bases de Ejecución.

34. c) Niveles de vinculación jurídica de los créditos.

35. c) Estado de consolidación del Presupuesto de la propia Entidad con el de todos los Presupuestos y estados de previsión de sus Organismos Autónomos y Sociedades Mercantiles.

36. d) Planes y programas de inversión y financiación.

37. a) Estado de Ingresos.

38. c) Estado de Gastos.

39. a) Planes de Etapas del Planeamiento Urbanístico.

40. d) Programa Financiero o de Financiación.

41. c) Cuatro años.

42. b) Anual.

43. b) Pleno coincidiendo con la aprobación del Presupuesto.

44. b) Se le añade un nuevo ejercicio a sus previsiones.

45. c) Sin déficit inicial.

46. b) Dicha compensación se efectuará respecto de los decrementos de los ingresos y los incrementos de los créditos.

47. b) Ministerio de Hacienda.

48. c) El Pleno de la Entidad Local.

49. a) Servicios públicos básicos.

50. c) Políticas de gasto.

51. b) Número diez.

52. d) De operaciones de capital y operaciones corrientes.

53. c) 9.

54. c) 3.

55. b) Subconceptos.

56. c) Gastos de Personal.

57. a) 8.

58. a) Gastos de Personal.

59. c) Pasivos Financieros.

60. b) Antes de concluir el ejercicio económico anterior a aquel en que vaya a regir.

61. a) Antes del 15 de octubre del año anterior en que va a regir.

62. d) Se prorroga automáticamente el del ejercicio anterior.

63. b) Presidente de la misma.

64. b) Quince días hábiles.

65. b) Un mes.

66. b) Boletín Oficial de la Corporación, si lo tuviere.

67. d) El ejercicio correspondiente, una vez publicado en el boletín oficial de la corporación, si lo tuviera, y, resumido por capítulos de cada uno de los presupuestos que lo integran, en el de la provincia o, en su caso, de la Comunidad Autónoma uniprovincial.

68. c) El contencioso-administrativo, sin necesidad de previa reposición.

69. b) Cuando la impugnación se refiera a la nivelación presupuestaria.

70. c) Liquidación de la obligación.

71. c) Acude a un crédito extraordinario.

72. b) Suplemento de crédito.

73. b) Fondos líquidos y derechos pendientes de cobro.

74. a) 25 %.

75. c) Antes de que se renueve la Corporación.

76. c) En el mismo ejercicio en el que se apruebe.

77. d) Ocho días.

78. b) Habilitación de crédito extraordinario en caso de catástrofe pública.

79. b) Transferencias de crédito.

80. d) Alcalde o Presidente

81. d) Al Presidente de la Entidad local.

82. d) Las transferencias de remanentes de otras entidades.

83. a) Antes del día 1 de marzo del ejercicio siguiente.

84. c) La diferencia entre los gastos reconocidos y las obligaciones pendientes de reconocer.

85. a) Quedarán anulados y no se podrán incorporar al Presupuesto del ejercicio siguiente.

TEST N.º 10

**Principios de la tributación local: autonomía y delegaciones.
Los Tributos locales: impuestos, tasas y contribuciones especiales.
Impuestos obligatorios y potestativos**

1. Es un impuesto facultativo para los Ayuntamientos:

a) Impuesto sobre Vehículos de Tracción Mecánica.
b) Impuesto sobre Actividades Económicas.
c) Impuesto sobre el Incremento de Valor de los Terrenos de Naturaleza Urbana.
d) Impuesto sobre Bienes Inmuebles.

2. Constituye el hecho imponible del Impuesto sobre Bienes Inmuebles la titularidad del siguiente derecho sobre los bienes inmuebles rústicos y urbanos:

a) De un derecho real de hipoteca.
b) De un derecho real de servidumbre.
c) De un derecho real de usufructo.
d) De un derecho real de prenda.

3. A los efectos del Impuesto sobre Bienes Inmuebles tendrán la consideración de bienes inmuebles rústicos, de bienes inmuebles urbanos y de bienes inmuebles de características especiales los definidos como tales en las normas reguladoras del:

a) Registro de la Propiedad.
b) Inventario municipal.
c) Catastro Inmobiliario.
d) Ninguna respuesta es correcta.

4. No están sujetos al Impuesto sobre Bienes Inmuebles, siempre que sean de aprovechamiento público y gratuito para los usuarios:

a) Los bienes de uso privado.
b) Los bienes del dominio público hidráulico.
c) Las carreteras.
d) Las respuestas b) y c) son correctas.

5. La base imponible del Impuesto sobre Bienes Inmuebles estará constituida por:

a) El valor catastral de los bienes inmuebles.
b) El valor real de los bienes inmuebles.
c) El valor estimado de los bienes inmuebles.
d) El valor de mercado de los bienes inmuebles.

6. La cuota íntegra del Impuesto sobre Bienes Inmuebles será el resultado de:

a) Aplicar al tipo de gravamen la base liquidable.
b) Aplicar a la base liquidable el tipo de gravamen.
c) Minorar la cuota en el importe de las bonificaciones previstas legalmente.
d) Minorar la cuota líquida.

7. Las ordenanzas fiscales podrán regular una bonificación de la cuota íntegra del Impuesto sobre Bienes Inmuebles a favor de aquellos sujetos pasivos que ostenten la condición de titulares de familia numerosa:

a) De hasta el 80 por 100.
b) De hasta el 70 por 100.
c) De hasta el 90 por 100.
d) De hasta el 60 por 100.

8. El hecho imponible del Impuesto de Actividades Económicas estará constituido por:

a) Por el mero ejercicio en territorio nacional de actividades empresariales, profesionales o artísticas, siempre que se ejerzan en local determinado y se hallen especificadas en las Tarifas del Impuesto.
b) Por el mero ejercicio en territorio nacional de actividades empresariales, profesionales o artísticas, se ejerzan o no en local determinado y se hallen o no especificadas en las Tarifas del Impuesto.
c) Por el mero ejercicio en territorio nacional de actividades empresariales, profesionales o artísticas, se ejerzan o no en local determinado y se hallen especificadas en las Tarifas del Impuesto.
d) Por el mero ejercicio en territorio nacional de actividades empresariales, profesionales o artísticas, si se ejercen en local determinado aunque no se hallen especificadas en las Tarifas del Impuesto.

9. No constituyen hecho imponible del Impuesto de Actividades Económicas el ejercicio de las siguientes actividades:

a) La venta de productos tecnológicos.
b) El ejercicio de la actividad de abogado.
c) La venta de los productos que se reciben en pago de trabajos personales o servicios profesionales.
d) La prestación de servicios de psicología.

10. El periodo impositivo del Impuesto de Actividades Económicas:

a) Coincide con el mes natural.
b) Coincide con el año natural.
c) Depende de la actividad de que se trate.
d) Empieza a contarse transcurridos seis meses desde el inicio de la actividad.

11. En relación con el Impuesto sobre Vehículos de Tracción Mecánica se considera vehículo apto para la circulación:

a) El que hubiere sido matriculado en los registros públicos correspondientes.
b) Los provistos de permisos temporales.
c) Los provistos de matrícula turística.
d) Todas las respuestas son verdaderas.

12. Están exentos del Impuesto sobre Vehículos de Tracción Mecánica:

a) Las ambulancias.
b) Los vehículos taxis.
c) Los vehículos de representaciones diplomáticas.
d) Las respuestas a) y c) son correctas.

13. Los Ayuntamientos podrán bonificar las cuotas del Impuesto sobre Vehículos de Tracción Mecánica hasta el 75 por 100:

a) Para los vehículos históricos.
b) Para aquellos que tengan una antigüedad mínima de veinticinco años contados a partir de la fecha de su fabricación.
c) En razón a la incidencia de la combustión del carburante en el medio ambiente.
d) Todas las respuestas son falsas.

14. La cuota del Impuesto sobre Vehículos de Tracción Mecánica se prorrateará por trimestres naturales:

a) En los casos de primera adquisición.
b) En los supuestos de segunda compra del vehículo.
c) En los supuestos de baja temporal por sustracción o robo del vehículo.
d) Las respuestas a) y c) son correctas.

15. El Impuesto sobre Construcciones, Instalaciones y Obras se exigirá:

a) Se haya obtenido o no la licencia de obras.
b) Siempre que se haya obtenido la licencia de obras.
c) En los casos que conste la solicitud de la licencia de obras.
d) Desde la solicitud de la licencia de obras.

16. En relación a la base imponible del Impuesto sobre Construcciones, Instalaciones y Obras:

a) Estará constituida por el coste estimado de la construcción, instalación u obra.

b) Ha de incluirse en el coste de las obras el Impuesto sobre el Valor Añadido y demás impuestos análogos.

c) No se incluyen en el coste de las obras las tasas, precios públicos y demás prestaciones patrimoniales de carácter público local.

d) Ha de incluirse en el coste de las obras los honorarios de profesionales y el beneficio empresarial del contratista.

17. El tipo de gravamen del Impuesto sobre Construcciones, Instalaciones y Obras:

a) No podrá exceder del 3 por 100.

b) No podrá exceder del 4 por 100.

c) No podrá exceder del 2 por 100.

d) No podrá exceder del 5 por 100.

18. Serán sujetos pasivos del Impuesto sobre Construcciones, Instalaciones y Obras:

a) Las personas físicas que sean dueños de la obra y sean propietarios del inmueble sobre el que se realice aquella.

b) Las personas físicas que sean dueños de la obra, sean o no propietarios del inmueble sobre el que se realice aquella.

c) Las personas físicas que sean propietarios del inmueble sobre el que se realice la obra.

d) Las personas físicas que realicen la obra.

19. En relación al Impuesto sobre el Incremento de Valor de los Terrenos de Naturaleza Urbana:

a) El incremento se puede poner de manifiesto a consecuencia de la transmisión de cualquier derecho real de goce.

b) Es un tributo directo que grava el incremento de valor que experimenten terrenos rústicos y se ponga de manifiesto a consecuencia de la transmisión de la propiedad de los terrenos.

c) Los bienes han de estar contemplados en el Catastro.

d) Ninguna respuesta es correcta.

20. El tipo de gravamen del Impuesto sobre el Incremento de Valor de los Terrenos de Naturaleza Urbana será el fijado por cada ayuntamiento, sin que dicho tipo pueda exceder del:

a) 40 %.

b) 50 %.

c) 30 %.
d) 60 %.

21. No se producirá la sujeción al Impuesto sobre el Incremento de Valor de los Terrenos de Naturaleza Urbana en los supuestos de:

a) Transmisiones que se hagan a los cónyuges en pago de sus haberes privativos.
b) Transmisiones de bienes inmuebles a favor de los hermanos como consecuencia del cumplimiento de sentencias de divorcio matrimonial
c) Pago de deudas vencidas y líquidas con bienes inmuebles
d) Aportaciones de bienes y derechos realizadas por los cónyuges a la sociedad conyugal.

22. Las Entidades locales podrán establecer tasas por el siguiente supuesto de utilización privativa o aprovechamiento especial del dominio público local:

a) Otorgamiento de licencias.
b) Autorización para utilizar en placas el escudo de la Entidad local.
c) Guardería rural.
d) Entradas de vehículos a través de las aceras.

23. Las Entidades locales podrán establecer tasas por prestación de servicios o de realización de actividades administrativas de competencia local en el siguiente supuesto:

a) Recogida de residuos sólidos urbanos.
b) Portadas, escaparates y vitrinas.
c) Instalación de quioscos en la vía pública.
d) Instalación de puestos y casetas de venta.

24. No podrán exigirse tasas por el servicio siguiente:

a) Servicios de alcantarillado.
b) Celebración de los matrimonios en forma civil.
c) Limpieza de la vía pública.
d) Inspección de vehículos.

25. El importe de las tasas por la prestación de un servicio:

a) No podrá exceder del coste real del servicio.
b) No podrá exceder del coste previsible del servicio.
c) No podrá exceder, en cualquier caso, del valor de la prestación recibida.
d) Todas las respuestas son correctas.

26. Las tasas podrán devengarse:

a) Cuando se presente la solicitud que de por finalizada la actuación.
b) Cuando se inicie el uso privativo.

c) Cuando finalice la prestación del servicio.
d) Cuando termine el aprovechamiento especial.

27. En las contribuciones especiales no se considerará sujeto pasivo en su condición de persona especialmente beneficiada por la realización de las obras o por el establecimiento o ampliación de los servicios locales:

a) En las contribuciones especiales por el establecimiento de los servicios de extinción de incendios el Servicio municipal de Protección contra Incendios.
b) En las contribuciones especiales por construcción de galerías subterráneas, las empresas suministradoras que deban utilizarlas.
c) En las contribuciones especiales por el establecimiento de los servicios de extinción de incendios las compañías de seguros que desarrollen su actividad en el ramo, en el término municipal correspondiente.
d) En las contribuciones especiales por realización de obras que afecten a bienes inmuebles, sus propietarios.

28. Respecto a las contribuciones especiales no integra el coste que la Entidad Local soporte por la realización de las obras o por el establecimiento o ampliación de los servicios:

a) El importe de las obras a realizar.
b) El coste de la publicidad de las obras.
c) El coste real de los trabajos periciales.
d) Las indemnizaciones procedentes por el derribo de construcciones.

29. Respecto a las contribuciones especiales, el acuerdo de ordenación:

a) Podrá no dictarse.
b) Será de inexcusable adopción.
c) Es ejecutivo.
d) Ha de publicarse en el BOE.

30. La fijación de los precios públicos puede delegarse, en un Municipio de régimen común, por el:

a) Alcalde en el Pleno.
b) Pleno en la Junta de Gobierno Local.
c) Pleno en el Alcalde.
d) Pleno en una empresa.

31. Las Licencias Fiscales de Actividades Comerciales e Industriales y de Profesionales y Artistas han sido sustituidas por el Impuesto sobre:

a) Bienes Inmuebles.
b) Instalaciones y Obras.
c) Actividades Económicas.
d) Ninguno de ellos.

32. Es facultativa para los Ayuntamientos la implantación del Impuesto sobre:

a) Incremento de Valor de los Terrenos de Naturaleza Urbana.
b) Vehículos de Tracción Mecánica.
c) Actividades Económicas.
d) Bienes Inmuebles.

33. En el Impuesto sobre Bienes Inmuebles se grava, respecto de los terrenos a que se refiere:

a) La mera pertenencia a un sujeto pasivo.
b) El valor de los mismos.
c) Cualquier derecho, real o personal, que se constituya en ellos.
d) Todo lo anterior.

34. El hecho imponible del Impuesto sobre Bienes Inmuebles viene constituido por el/la:

a) Propiedad de los bienes inmuebles.
b) Titularidad de un derecho real de usufructo o de superficie, o de la concesión administrativa sobre dichos bienes o sobre los servicios públicos a que estén afectados.
c) Valor de los bienes.
d) Las respuestas a) y b) son ciertas.

35. A los efectos del Impuesto sobre Bienes Inmuebles, la consideración de bienes inmuebles rústicos, de bienes inmuebles urbanos y de bienes inmuebles de características especiales se define por:

a) Cada Ayuntamiento, a través de acuerdo plenario.
b) El Plan General de Ordenación urbana vigente en cada Municipio.
c) Las normas reguladoras del Catastro Inmobiliario.
d) Las Ordenanzas Fiscales del Ayuntamiento.

36. Si un mismo inmueble se encuentra localizado en distintos términos municipales, se entenderá, a efectos del Impuesto sobre Bienes Inmuebles, que pertenece:

a) Al Municipio de mayor población.
b) A cada uno de los Municipios afectados, por partes iguales.
c) A cada uno de los Municipios, por la superficie real que ocupe en su término.
d) Al Municipio en el que tenga mayor superficie.

37. Para que una carretera no esté sujeta al Impuesto sobre Bienes Inmuebles, debe ser:

a) De titularidad privada.
b) Patrimonial del Estado.

c) De peaje.
d) De aprovechamiento público y gratuito para los usuarios.

38. Están exentos de pagar este Impuesto los bienes inmuebles que pertenezcan al/a la:

a) Estado.
b) Cruz Roja.
c) Comunidad Autónoma.
d) Todos los anteriores.

39. El valor catastral de los bienes se determinará por el/las:

a) Normas del Catastro Inmobiliario.
b) Normas de expropiación forzosa.
c) Pleno de cada Ayuntamiento.
d) Normas Urbanísticas del Plan General de Ordenación.

40. La cuota íntegra se obtiene de aplicar el tipo de gravamen al/a la:

a) Hecho imponible.
b) Cuota tributaria.
c) Base liquidable.
d) Sujeto pasivo.

41. Una vez hechas en la base imponible las reducciones que procedan, se obtiene el/la:

a) Tipo de gravamen.
b) Cuota.
c) Base liquidable.
d) Nada de lo anterior.

42. La bonificación prevista sobre bienes inmuebles que constituyan el objeto de la actividad de las empresas de construcción y no figuren entre los bienes de su inmovilizado, en ningún caso puede exceder de:

a) Un año desde el comienzo de la construcción.
b) Un año desde que se inició la urbanización.
c) Tres períodos impositivos a contar desde el siguiente a la iniciación de la urbanización o construcción.
d) Las respuestas a) y b) son correctas.

43. El Impuesto sobre Bienes Inmuebles se devenga:

a) El primer día del período impositivo.
b) Al final de este período impositivo.
c) Con motivo de la venta de los bienes a él sujetos.
d) Cada cinco años.

44. La revisión de los actos dictados en vía de gestión tributaria en el Impuesto sobre Bienes Inmuebles, corresponde al/a la:

a) Propio Ayuntamiento.
b) Centro de Gestión Catastral y Cooperación Tributaria.
c) Delegación del Ministerio de Hacienda de cada Provincia.
d) Dirección General del Catastro.

45. El Impuesto sobre Actividades Económicas en un tributo:

a) Directo y real.
b) Directo y personal.
c) Indirecto y real.
d) Indirecto y personal.

46. Para que las actividades ganaderas estén gravadas por el Impuesto sobre Actividades Económicas:

a) Han de tener carácter dependiente.
b) Deben desarrollarse mediante la estabulación del ganado fuera de las fincas rústicas.
c) Ha de tratarse de ganado trashumante o transterminante.
d) Las respuestas b) y c) son correctas.

47. No constituyen hecho imponible del Impuesto sobre Actividades Económicas la/las:

a) Actividades ganaderas independientes.
b) Actividades mineras.
c) Venta de productos que se reciben en pago de trabajos personales.
d) Ventas reiteradas de artículos al por menor.

48. La cuota tributaria en el Impuesto sobre Actividades Económicas, resulta de:

a) Aplicar las tarifas del mismo y, en su caso, el coeficiente y las bonificaciones previstos por la ley y acordados por cada Ayuntamiento.
b) La realización de la actividad gravada por el mismo.
c) Un porcentaje fijo por cada actividad gravada.
d) Lo que determine cada año el Presupuesto de cada Ayuntamiento.

49. La liquidación, recaudación y revisión de los actos dictados en vía de gestión tributaria del Impuesto sobre Actividades Económicas, es competencia del/de la:

a) Centro de Gestión Catastral y Cooperación Tributaria.
b) Ayuntamiento respectivo.
c) Administración Tributaria del Estado.
d) Ninguno de los anteriores.

50. La cifra de negocios que exime de estar sujeto al pago del Impuesto sobre Actividades Económicas en determinados casos, ha de ser inferior a:

a) Un millón de euros.
b) Dos millones de euros.
c) Diez millones de euros.
d) No hay fijada una en concreto.

51. En el supuesto de espectáculos aislados, este Impuesto sobre Actividades Económicas se devenga:

a) Globalmente, cada año.
b) Considerando los realizados cada semestre.
c) Trimestralmente.
d) Al realizarse cada uno de ellos.

52. Con carácter general, el período impositivo en el Impuesto sobre Actividades Económicas, coincide con el:

a) Comienzo y fin de cada actividad gravada por el mismo.
b) Primer día del año natural.
c) Cada año natural.
d) Comienzo de la actividad, durante los años que dure.

53. Un vehículo dado de baja por antigüedad, pero autorizado para circular excepcionalmente con ocasión de un certamen o exhibición, a los efectos del Impuesto sobre Vehículos de Tracción Mecánica:

a) Está sujeto en su integridad.
b) Goza de una bonificación del 90 %.
c) Solo es gravado proporcionalmente por el tiempo en que sea utilizado en dichos certamen o exhibición.
d) No está sujeto.

54. Los coches adaptados para la conducción por disminuidos físicos, a efectos del Impuesto sobre Vehículos de Tracción Mecánica:

a) Están exentos en todo caso.
b) Quedan exentos cuando la minusvalía del titular sea igual o superior al 33%.
c) Solo son objeto de una bonificación.
d) Están sujetos como cualquier vehículo.

55. Está exento de pagar del Impuesto sobre Vehículos de Tracción Mecánica un vehículo:

a) Con permiso temporal.
b) De representación diplomática.

c) Con matrícula turística.

d) Dado de alta.

56. La modificación por los Ayuntamientos de las cuotas fijadas en el Impuesto sobre Vehículos de Tracción Mecánica, ha de realizarse en función del/de la/de los:

a) Población del Municipio de que se trate.

b) Hecho de que el vehículo sea de primera o segunda u otras adquisiciones.

c) Caballos fiscales de cada vehículo.

d) Concurrencia de cualquiera de los tres supuestos anteriores.

57. En el caso de que a mediados del año se adquiera un vehículo de otro propietario, ya, por lo tanto, matriculado:

a) El período impositivo comenzará desde dicho momento.

b) Se prorrateará la cuota por trimestres naturales.

c) El segundo adquirente pagará al Ayuntamiento la parte proporcional que le corresponda.

d) Nada de lo anterior es cierto.

58. Si una Comunidad Autónoma establece un Impuesto sobre la materia propia del Impuesto sobre Vehículos de Tracción Mecánica:

a) Se suprimirá este en dicha Comunidad Autónoma.

b) Solo será objeto de supresión en los Municipios que así lo acuerden.

c) Se reducirá del importe del Impuesto Municipal lo que se pague a la Comunidad Autónoma.

d) Se cobrará ambos Impuestos, sin rebaja de tipo alguno.

59. En caso de baja del vehículo durante el año natural, la cuota del Impuesto sobre Vehículos de Tracción Mecánica se:

a) Prorratea por semestres.

b) Prorratea por trimestres.

c) Paga íntegramente.

d) Cobra al chatarrista.

60. El hecho de no obtener Licencia de Obras y realizarlas, a los efectos del Impuesto sobre Construcciones, Instalaciones y Obras:

a) No exime de su pago.

b) Al no estar fiscalizadas municipalmente dichas obras, no puede quedar sujeto al Impuesto.

c) Supone un recargo en el mismo, en el que se contemple la infracción urbanística realizada.

d) Las respuestas a) y c) son correctas.

61. La base imponible en el Impuesto sobre Construcciones, Instalaciones y obras está constituida por:

a) El coste real y efectivo de la construcción, instalación u obra.
b) Un 2% de dicho coste.
c) La mera realización de las actividades gravadas.
d) La autoliquidación que efectúen los interesados.

62. El devengo del Impuesto sobre Construcciones, Instalaciones y obras se produce:

a) Cuando se pida la Licencia de Obras.
b) Al iniciarse la construcción, instalación u obra.
c) Al concluirse dichas construcción, instalación u obras.
d) El primer día del año natural.

63. Las Ordenanzas Fiscales pueden regular una bonificación sobre la cuota del Impuesto sobre Construcciones, Instalaciones y obras, a favor de obras declaradas de interés especial, de cómo máximo hasta el:

a) 95 %.
b) 50 %.
c) 60 %.
d) 90 %.

64. El sujeto pasivo del Impuesto sobre el Incremento del Valor de los Terrenos de Naturaleza Urbana, al transmitirse los mismos, es el:

a) Adquirente, si la transmisión es a título lucrativo.
b) Adquirente, si la transmisión es a título oneroso.
c) Transmitente, si la transmisión es a título lucrativo.
d) Adquirente o Transmitente, indistintamente.

65. El incremento puesto de manifiesto en el momento del devengo del Impuesto sobre el Incremento del Valor de los Terrenos de Naturaleza Urbana, que se tiene en cuenta en el mismo, es el experimentado a lo largo de un período máximo de:

a) Cincuenta años.
b) Quince años.
c) Diez años.
d) Veinte años.

66. El tipo de gravamen del Impuesto sobre el Incremento del Valor de los Terrenos de Naturaleza Urbana será fijado por cada Ayuntamiento, sin que pueda exceder del siguiente porcentaje:

a) 10 %.
b) 30 %.

c) 25 %.
d) 4 %.

67. En el supuesto de constitución de un derecho real de goce limitado del dominio, este Impuesto sobre el Incremento del Valor de los Terrenos de Naturaleza Urbana se devenga por este concepto:

a) Al extinguirse dicho derecho real.
b) Como consecuencia de la transmisión del inmueble sobre el que se constituye.
c) En el momento de la citada constitución.
d) En ningún momento.

68. Cuando se trate de actos inter vivos, el plazo para presentar la declaración los interesados en el Impuesto sobre el Incremento del Valor de los Terrenos de Naturaleza Urbana, es de:

a) Dos meses.
b) Seis meses.
c) Treinta días hábiles.
d) Un año.

69. Si, por el contrario, es un acto mortis causa, este plazo será de:

a) Treinta días naturales.
b) Un año como mínimo.
c) Treinta días hábiles.
d) Seis meses.

70. El plazo a que se refieren las dos preguntas anteriores se cuenta a partir de:

a) La fecha en que se produzca el devengo del Impuesto.
b) Que se produzca efectivamente la declaración.
c) Que la Administración requiera a los sujetos interesados.
d) Nada de lo anterior es cierto.

71. Los Notarios están obligados a presentar una relación o índice de los documentos por ellos autorizados en los que se contengan hechos, actos o negocios jurídicos que pongan de manifiesto la realización del hecho imponible de este Impuesto:

a) En la primera quincena del primer mes de cada año, referida al año anterior.
b) En la primera quincena de cada semestre, referida al anterior.
c) En la primera quincena de cada trimestre, referida al anterior.
d) Al final de cada mes.

72. No se puede exigir Tasas:

a) Por la expedición de una Licencia de Obras.
b) Por la vigilancia pública en general.

c) Por prestación de un servicio de recepción obligatoria.

d) En ninguno de los supuestos anteriores.

73. Tienen la condición de sustitutos del contribuyente en las Tasas por prestación del Servicio de Extinción de Incendios el/las:

a) Propietario del inmueble incendiado.

b) Inquilino del mismo.

c) Entidades o sociedades aseguradoras del riesgo.

d) Cualquiera de los anteriores.

74. En las Tasas por razón de servicios que beneficien a los ocupantes de viviendas o locales, los propietarios de dichos inmuebles:

a) Pueden repercutirlas sobre los mismos.

b) Han de pagarlas proporcionalmente con ellos.

c) Son los únicos responsables de su pago.

d) Son los directamente responsables, actuando dichos ocupantes como sustitutos suyos.

75. Un factor que se puede tener en cuenta al determinar la cuantía de las Tasas es:

a) Genéricamente, la capacidad económica de los sujetos obligados.

b) Individualmente, dicha capacidad económica.

c) El coste del servicio, excluidos los gastos de carácter financiero.

d) La inclusión en ella de los gastos financieros sufragados por Contribuciones Especiales.

76. En las Contribuciones Especiales por construcción de galerías subterráneas se consideran especialmente beneficiadas a efectos de la exigencia de las mismas los/las:

a) Propietarios de los edificios bajo cuyo suelo se ubiquen.

b) Empresas aseguradoras.

c) Empresas suministradoras que deban utilizarlas.

d) Consumidores finales de los servicios de que se trate.

77. El fraccionamiento en el pago de las Contribuciones Especiales:

a) No está permitido.

b) Es obligatorio para la Corporación.

c) No debe exceder de cinco años.

d) No excederá de diez años.

78. La colaboración ciudadana en materia de Contribuciones Especiales está prevista a través de:

a) Asociaciones administrativas de consumidores.

b) Asociaciones administrativas de contribuyentes.

c) Organizaciones de empresas favorecidas por los servicios.

d) Cualquiera de las tres formas anteriores.

79. En el Impuesto sobre Bienes Inmuebles, en el caso de inmuebles de características especiales, cuando la condición de contribuyente recaiga en varios concesionarios:

a) Tributará el que tenga mayor cuota.

b) Cada uno de ellos tributará por su cuota.

c) Tributarán por partes iguales, sin perjuicio de repercutir lo que exceda de sus cuotas.

d) Solo podrá tributar uno de ellos, sin perjuicio de que posteriormente lo repercuta a los demás.

80. En el Impuesto sobre Vehículos de Tracción Mecánica, a gestión, liquidación, inspección y recaudación, así como la revisión de los actos dictados en vía de gestión tributaria corresponden:

a) Al Ayuntamiento del domicilio que conste en el permiso de circulación del vehículo.

b) Al Ayuntamiento del domicilio del titular del vehículo.

c) A la Comunidad Autónoma en la que conste inscrito el permiso de circulación del vehículo.

d) A la Comunidad Autónoma del domicilio del titular del vehículo.

81. La obtención por el sujeto pasivo de un beneficio o de un aumento de valor de sus bienes como consecuencia de la realización de obras públicas o del establecimiento o ampliación de servicios públicos, de carácter local, por las Entidades respectivas, constituye el hecho imponible de:

a) Las Tasas.

b) Los Precios Públicos.

c) Las Contribuciones especiales.

d) Los Impuestos.

Solución al test n.º 10

1. c) Impuesto sobre el Incremento de Valor de los Terrenos de Naturaleza Urbana.

2. c) De un derecho real de usufructo.

3. c) Catastro Inmobiliario.

4. d) Las respuestas b) y c) son correctas.

5. a) El valor catastral de los bienes inmuebles.

6. b) Aplicar a la base liquidable el tipo de gravamen.

7. c) De hasta el 90 por 100.

8. b) Por el mero ejercicio en territorio nacional de actividades empresariales, profesionales o artísticas, se ejerzan o no en local determinado y se hallen o no especificadas en las Tarifas del Impuesto.

9. c) La venta de los productos que se reciben en pago de trabajos personales o servicios profesionales.

10. b) Coincide con el año natural.

11. d) Todas las respuestas son verdaderas.

12. d) Las respuestas a) y c) son correctas.

13. c) En razón a la incidencia de la combustión del carburante en el medio ambiente.

14. d) Las respuestas a) y c) son correctas.

15. a) Se haya obtenido o no la licencia de obras.

16. c) No se incluyen en el coste de las obras las tasas, precios públicos y demás prestaciones patrimoniales de carácter público local.

17. b) No podrá exceder del 4 por 100.

18. b) Las personas físicas que sean dueños de la obra, sean o no propietarios del inmueble sobre el que se realice aquella.

19. a) El incremento se puede poner de manifiesto a consecuencia de la transmisión de cualquier derecho real de goce.

20. c) 30 %.

21. d) Aportaciones de bienes y derechos realizadas por los cónyuges a la sociedad conyugal.

22. d) Entradas de vehículos a través de las aceras.

23. a) Recogida de residuos sólidos urbanos.

24. c) Limpieza de la vía pública.

25. d) Todas las respuestas son correctas.

26. b) Cuando se inicie el uso privativo.

27. a) En las contribuciones especiales por el establecimiento de los servicios de extinción de incendios el Servicio municipal de Protección contra Incendios.

28. b) El coste de la publicidad de las obras.

29. b) Será de inexcusable adopción.

30. b) Pleno en la Junta de Gobierno Local.

31. c) Actividades Económicas.

32. a) Incremento de Valor de los Terrenos de Naturaleza Urbana.

33. b) El valor de los mismos.

34. d) Las respuestas a) y b) son ciertas.

35. c) Las normas reguladoras del Catastro Inmobiliario.

36. c) A cada uno de los Municipios, por la superficie real que ocupe en su término.

37. d) De aprovechamiento público y gratuito para los usuarios.

38. b) Cruz Roja.

39. a) Normas del Catastro Inmobiliario.

40. c) Base liquidable.

41. c) Base liquidable.

42. c) Tres períodos impositivos a contar desde el siguiente a la iniciación de la urbanización o construcción.

43. a) El primer día del período impositivo.

44. a) Propio Ayuntamiento.

45. a) Directo y real.

46. d) Las respuestas b) y c) son correctas.

47. c) Venta de productos que se reciben en pago de trabajos personales.

48. a) Aplicar las tarifas del mismo y, en su caso, el coeficiente y las bonificaciones previstos por la ley y acordados por cada Ayuntamiento.

49. b) Ayuntamiento respectivo.

50. a) Un millón de euros.

51. d) Al realizarse cada uno de ellos.

52. c) Cada año natural.

53. d) No está sujeto.

54. b) Quedan exentos cuando la minusvalía del titular sea igual o superior al 33 %.

55. b) De representación diplomática.

56. a) Población del Municipio de que se trate.

57. d) Nada de lo anterior es cierto.

58. a) Se suprimirá este en dicha Comunidad Autónoma.

59. b) Prorratea por trimestres,

60. a) No exime de su pago.

61. a) El coste real y efectivo de la construcción, instalación u obra.

62. b) Al iniciarse la construcción, instalación u obra.

63. a) 95 %.

64. a) Adquirente, si la transmisión es a título lucrativo.

65. d) Veinte años.

66. b) 30 %.

67. c) En el momento de la citada constitución.

68. c) Treinta días hábiles.

69. d) Seis meses.

70. a) La fecha en que se produzca el devengo del Impuesto.

71. c) En la primera quincena de cada trimestre, referida al anterior.

72. b) Por la vigilancia pública en general.

73. c) Entidades o sociedades aseguradoras del riesgo.

74. a) Pueden repercutirlas sobre los mismos.

75. a) Genéricamente, la capacidad económica de los sujetos obligados.

76. c) Empresas suministradoras que deban utilizarlas.

77. c) No debe exceder de cinco años.

78. b) Asociaciones administrativas de contribuyentes.

79. b) Cada uno de ellos tributará por su cuota.

80. a) Al Ayuntamiento del domicilio que conste en el permiso de circulación del vehículo.

81. c) Las Contribuciones especiales.

TEST N.º 11

La Ley 9/2017, de 8 de noviembre, de Contratos del Sector Público: objeto y ámbito de aplicación. Contratos del sector público. Órganos de contratación de las entidades locales

1. La contratación administrativa en el sector público viene regulada por:

a) La Ley 9/2017, de 8 de noviembre.
b) La Ley 6/2017, de 24 de octubre.
c) La Ley 3/2017, de 27 de junio.
d) La Ley 4/2017, de 25 de septiembre.

2. Los contratos que tienen por objeto la adquisición, el arrendamiento financiero, o el arrendamiento, con o sin opción de compra, de productos o bienes muebles, son:

a) Contratos de servicios.
b) Contratos de suministro.
c) Contratos de obras.
d) Contratos de gestión de servicios públicos.

3. No se consideran contratos de suministros:

a) Aquellos en los que el empresario se obligue a entregar una pluralidad de bienes de forma sucesiva y por precio unitario sin que la cuantía total se defina con exactitud al tiempo de celebrar el contrato, por estar subordinadas las entregas a las necesidades del adquirente.
b) Los que tengan por objeto la adquisición y el arrendamiento de equipos y sistemas de telecomunicaciones o para el tratamiento de la información, sus dispositivos y programas, y la cesión del derecho de uso de estos últimos.
c) Los de adquisición de programas de ordenador desarrollados a medida.
d) Los de fabricación, por los que la cosa o cosas que hayan de ser entregadas por el empresario deban ser elaboradas con arreglo a características peculiares fijadas previamente por la entidad contratante, aun cuando esta se obligue a aportar, total o parcialmente, los materiales precisos.

4. Están sujetos a regulación armonizada los contratos de obras y los contratos de concesión de obras públicas cuyo valor estimado sea igual o superior a:

a) 5.538.000 euros.
b) 6.581.000 euros.
c) 8.615.000 euros.
d) 1.861.000 euros.

5. Conforme al artículo 1.3 de la Ley 9/2017, siempre que guarde relación con el objeto del contrato, en toda contratación pública se incorporarán de manera transversal y preceptiva criterios sociales y:

a) Divulgativos.
b) Comunitarios.
c) Medioambientales.
d) Judiciales.

6. Conforme al artículo 3.4 de la Ley 9/2017, los partidos políticos, cuando cumplan los requisitos para ser poder adjudicador y respecto de los contratos sujetos a regulación armonizada, deberán actuar conforme a los principios de publicidad, concurrencia, transparencia, igualdad y:

a) No discriminación.
b) Eficacia.
c) Sometimiento a las leyes.
d) Legitimidad.

7. En virtud de la Ley 9/2017 (art. 6.1.a), se presumirá que las entidades intervinientes en un convenio tienen vocación de mercado cuando realicen en el mercado abierto un porcentaje de las actividades objeto de colaboración igual o superior a:

a) El 10 %.
b) El 20 %.
c) El 50 %.
d) El 30 %.

8. Los contratos que tengan por objeto la adquisición de energía primaria o energía transformada se consideran:

a) Contratos de concesión de servicios.
b) Contratos de suministros.
c) Contratos privados.
d) Contratos de servicios.

9. Deberá elaborarse un proyecto y tramitarse como la Ley 9/2017 dispone para los contratos de obras, el contrato mixto en que un elemento del contrato sea una obra y esta supere:

a) Los 50.000 euros.
b) Los 100.000 euros.
c) Los 5.000 euros.
d) Los 10.000 euros.

10. No podrán ser objeto de los contratos de servicios:

a) Los que impliquen ejercicio de la autoridad inherente a los poderes públicos.
b) Los que impliquen el desarrollo o mantenimiento de aplicaciones informáticas.
c) Los que tengan por objeto el desarrollo y la puesta a disposición de productos protegidos por un derecho de propiedad intelectual o industrial.
d) Los que tengan por objeto la prestación de actividades docentes en centros del sector público desarrolladas en forma de cursos de formación o perfeccionamiento del personal al servicio de la Administración.

11. Se consideran sujetos a regulación armonizada los contratos:

a) Relativos al tiempo de radiodifusión o al suministro de programas que sean adjudicados a proveedores del servicio de comunicación audiovisual o radiofónica.
b) De concesión adjudicados para la puesta a disposición o la explotación de redes fijas destinadas a prestar un servicio al público en relación con la producción, el transporte o la distribución de agua potable.
c) De concesión de obras cuyo valor estimado sea igual o superior a 5.538.000 euros.
d) Que tengan por objeto los servicios de certificación y autenticación de documentos que deban ser prestados por un notario público.

12. Para la Directiva 2014/23/UE, de 26 de febrero de 2014, relativa a la adjudicación de contratos de concesión, el criterio delimitador del contrato de concesión de servicios respecto del contrato de servicios es:

a) La cuantificación del coste.
b) Quién asume el riesgo operacional.
c) La exigencia o no de la clasificación del empresario.
d) La publicación en boletín oficial.

13. Según el art. 13.3 de la Ley 9/2017, de 8 de noviembre, de Contratos del Sector Público, los contratos de obras se referirán:

a) A una obra completa.
b) A una superficie acotada.
c) A un área concreta.
d) A un plan urbanístico determinado.

14. Según el artículo 3.2. de la LCSP, tienen la consideración de Administración Pública:

a) Las autoridades administrativas independientes.
b) Las fundaciones públicas.
c) Las Mutuas colaboradoras con la Seguridad Social.
d) Las Entidades Públicas Empresariales.

15. ¿Qué tipo de contrato fue suprimido por la Ley 9/2017 de Contratos del Sector Público?

a) El contrato de servicios.
b) El contrato mixto.
c) El contrato de concesión de servicios.
d) El contrato de colaboración público-privada.

16. Se incluyen en el ámbito de aplicación de la Ley 9/2017 de Contratos del Sector Público:

a) La relación de servicio de los funcionarios públicos y los contratos regulados en la legislación laboral.
b) Los contratos que tengan por objeto servicios relacionados con campañas políticas, cuando sean adjudicados por una Administración Pública.
c) Los contratos relativos a servicios de arbitraje y conciliación.
d) Las relaciones jurídicas consistentes en la prestación de un servicio público cuya utilización por los usuarios requiera el abono de una tarifa, tasa o precio público de aplicación general.

17. Los contratos de servicios se sujetarán a regulación armonizada cuando teniendo por objeto los servicios sociales superen la siguiente cantidad:

a) 143.000 euros.
b) 221.000 euros.
c) 475.000 euros.
d) 750.000 euros.

18. No se consideran sujetos a regulación armonizada, cualquiera que sea su valor estimado, los contratos siguientes:

a) Los contratos de obras que tengan por objeto la construcción de hospitales, centros deportivos, recreativos o de ocio, edificios escolares o universitarios y edificios de uso administrativo.
b) Aquellos que tengan por objeto la representación y defensa legal de un cliente por un procurador o un abogado, ya sea en un arbitraje o una conciliación celebrada en un Estado o ante una instancia internacional de conciliación o arbitraje, o ya sea en un procedimiento judicial ante los órganos jurisdiccionales o las autoridades públicas de un Estado o ante órganos jurisdiccionales o instituciones internacionales.

c) Los que tengan por objeto servicios sociales.

d) Los adjudicados por órganos de contratación que pertenezcan al sector de la defensa.

19. Los contratos celebrados por entidades del sector público que siendo poder adjudicador no reúnan la condición de Administraciones Públicas, tienen la consideración de:

a) Contratos administrativos.

b) Contratos privados.

c) Contratos administrativos especiales.

d) Contratos mixtos.

20. De acuerdo con el artículo 26 de la Ley 9/2017, de contratos del Sector Público, los contratos privados que celebren las administraciones públicas se regirán por el derecho privado, en cuanto a:

a) Su preparación y adjudicación.

b) Sus efectos, modificación y extinción.

c) Su preparación, adjudicación y extinción.

d) Ninguna de las anteriores respuestas es correcta ya que se regirán, en defecto de normas específicas, por la presente ley.

Solución al test n.º 11

1. a) La Ley 9/2017, de 8 de noviembre.

2. b) Contratos de suministro.

3. c) Los de adquisición de programas de ordenador desarrollados a medida.

4. a) 5.538.000 euros.

5. c) Medioambientales.

6. a) No discriminación.

7. b) El 20 %.

8. b) Contratos de suministros.

9. a) Los 50.000 euros.

10. a) Los que impliquen ejercicio de la autoridad inherente a los poderes públicos.

11. c) De concesión de obras cuyo valor estimado sea igual o superior a 5.538.000 euros.

12. b) Quién asume el riesgo operacional.

13. a) A una obra completa.

14. a) Las autoridades administrativas independientes.

15. d) El contrato de colaboración público-privada.

16. b) Los contratos que tengan por objeto servicios relacionados con campañas políticas, cuando sean adjudicados por una Administración Pública.

17. d) 750.000 euros.

18. b) Aquellos que tengan por objeto la representación y defensa legal de un cliente por un procurador o un abogado, ya sea en un arbitraje o una conciliación celebrada en un Estado o ante una instancia internacional de conciliación o arbitraje, o ya sea en un procedimiento judicial ante los órganos jurisdiccionales o las autoridades públicas de un Estado o ante órganos jurisdiccionales o instituciones internacionales.

19. b) Contratos privados.

20. b) Sus efectos, modificación y extinción.

TEST N.º 12

Real Decreto Legislativo 5/2015, de 30 de octubre, por el que se aprueba el Texto Refundido de la Ley del Estatuto Básico del Empelado Público. Clases. Adquisición y pérdida de la condición de funcionario. Derechos y deberes de los funcionarios públicos. Código de conducta. Régimen Disciplinario

1. Según el artículo 1.3. del Texto Refundido de la Ley del Estatuto Básico del Empleado Público, uno de los fundamentos de actuación reflejados por el EBEP es el servicio a los ciudadanos y:

a) A los intereses generales.
b) Al ordenamiento jurídico.
c) Al bienestar general.
d) A la Administración Pública.

2. Se regirá por la legislación específica dictada por el Estado y por las comunidades autónomas en el ámbito de sus respectivas competencias y por lo previsto en el EBEP, excepto el capítulo II del título III (salvo el artículo 20), y los artículos 22.3, 24 y 84:

a) El personal funcionario de las Universidades Públicas.
b) El personal funcionario y en lo que proceda el personal laboral al servicio de las Administraciones de las entidades locales.
c) El personal estatutario de los servicios de salud.
d) El personal funcionario y laboral al servicio de las Administraciones de las comunidades autónomas.

3. El Estatuto Básico del Empleado Público tendrá carácter supletorio:

a) Para el personal laboral al servicio de las Administraciones de las comunidades autónomas.
b) Para el personal docente.
c) Para el personal estatutario de los servicios de salud.
d) Para todo el personal de las Administraciones Públicas no incluido en su ámbito de aplicación.

4. El EBEP contiene:

a) Aquello que es común al conjunto de los empleados públicos de todas las Administraciones Públicas.

b) Las normas legales específicas aplicables a los empleados públicos de todas las Administraciones Públicas.

c) Aquello que es común al conjunto de los funcionarios de todas las Administraciones Públicas, más las normas legales específicas aplicables al personal laboral a su servicio.

d) Aquello que es común al conjunto del personal laboral de todas las Administraciones Públicas, más las normas legales específicas aplicables al personal funcionario a su servicio.

5. Señalar la respuesta incorrecta. La designación de personal directivo:

a) Atenderá a principios de mérito y capacidad.

b) Se llevará a cabo mediante procedimientos que garanticen la publicidad y concurrencia.

c) Supone la adquisición de la condición de personal eventual.

d) Atenderá a criterios de idoneidad.

6. En relación con el personal eventual, es cierto que:

a) Será retribuido con cargo a los créditos presupuestarios consignados para el personal funcionario.

b) La condición de personal eventual constituirá mérito en la fase de concurso para el acceso a la Función Pública.

c) Su cese tendrá lugar, en todo caso, cuando se produzca el de la autoridad a la que se preste la función de confianza o asesoramiento.

d) La condición de personal eventual computará como mérito para la promoción interna.

7. Corresponden en exclusiva a los funcionarios públicos, en los términos que en la ley de desarrollo de cada Administración Pública se establezca, el ejercicio de funciones:

a) Directivas.

b) Que impliquen la participación directa o indirecta en el ejercicio de las potestades públicas.

c) Del ámbito militar, de la Justicia o de la Hacienda Pública.

d) Que impliquen la participación directa (no la indirecta), en la salvaguardia de los intereses generales del Estado.

8. Las leyes de Función Pública que se dicten en desarrollo del EBEP podrán prever el nombramiento de personal interino para la ejecución de programas de carácter temporal con una duración de hasta:

a) 2 años.

b) 3 años.

c) 4 años.
d) 5 años.

9. Completar la siguiente frase. Según el artículo 8 del Texto Refundido de la Ley del Estatuto Básico del Empleado Público, aprobado por el Real Decreto Legislativo 5/2015, de 30 de octubre, son empleados públicos quienes desempeñan funciones .... en las Administraciones Públicas al servicio de los intereses generales:

a) Directivas.
b) Exclusivas.
c) Administrativas.
d) Retribuidas.

10. Según el artículo 9.1 del EBEP, es una característica del funcionario de carrera el desempeño de servicios profesionales retribuidos de carácter:

a) Permanente.
b) Público.
c) Administrativo.
d) Autoritario.

11. El número de puestos cubiertos por personal eventual:

a) Es indefinido e ilimitado.
b) Está limitado por un máximo establecido por los respectivos órganos de gobierno.
c) Está limitado a tres por cada órgano superior de la Administración Pública.
d) No puede hacerse público, puesto que se trata de personal de confianza.

12. En relación al personal eventual, el EBEP dispone que:

a) El número máximo de este tipo de personal se establecerá por ley de las Cortes Generales o de las Asambleas legislativas de las Comunidades Autónomas.
b) El cese de este personal no va ligado, en ningún caso, al de la autoridad a la que se preste la función de confianza o asesoramiento.
c) La condición de personal eventual constituye mérito para el acceso a la Función Pública y para la promoción interna.
d) Este personal solo realiza funciones expresamente calificadas como de confianza o asesoramiento especial.

13. Los funcionarios interinos serán nombrados por razones expresamente justificadas de necesidad y:

a) Economía.
b) Eficacia.
c) Urgencia.
d) Calidad.

14. A tenor del artículo 14 del EBEP los empleados públicos tienen derecho:

a) A la inamovilidad en la condición de funcionario de carrera.

b) A la formación continua y a la actualización permanente de sus conocimientos y capacidades profesionales, preferentemente fuera del horario laboral.

c) A la libertad de expresión, sin restricción alguna.

d) A participar en la consecución de los objetivos atribuidos a la unidad donde preste sus servicios y a ser consultado por sus superiores por las tareas a desarrollar.

15. Conforme al EBEP, los funcionarios públicos tendrán un permiso por enfermedad grave de un familiar dentro del primer grado de consanguinidad o afinidad, de:

a) Dos días hábiles.

b) Tres días hábiles.

c) Cuatro días hábiles.

d) Cinco días hábiles.

16. Los funcionarios públicos tendrán un permiso por matrimonio de:

a) 10 días.

b) 15 días.

c) 20 días.

d) 30 días.

17. Tal y como señala el artículo 50 del EBEP, los funcionarios públicos tendrán derecho a disfrutar, durante cada año natural, de unas vacaciones retribuidas de:

a) 1 mes.

b) 30 días naturales.

c) 22 días hábiles.

d) 30 días hábiles.

18. Los Empleados Públicos:

a) Podrán voluntariamente acatar la Constitución y el resto de normas que integran el ordenamiento jurídico.

b) Podrán abstenerse en aquellos asuntos en los que tengan un interés personal.

c) Su actuación perseguirá la satisfacción de los intereses del Gobierno.

d) Guardarán secreto de las materias clasificadas.

19. El conjunto ordenado de oportunidades de ascenso y expectativas de progreso profesional conforme a los principios de igualdad, mérito y capacidad, se denomina:

a) Evaluación del desempeño.

b) Promoción profesional.

c) Promoción interna.
d) Carrera profesional.

20. Para tener derecho a la promoción interna, los funcionarios deberán tener una antigüedad de servicio activo en el inferior subgrupo o grupo de clasificación profesional, de al menos:

a) Dos años.
b) Tres años.
c) Cuatro años.
d) Cinco años.

21. Los empleados públicos tienen derecho a la progresión en la carrera profesional y promoción interna según principios constitucionales de igualdad, mérito y capacidad mediante la implantación de sistemas objetivos y transparentes de:

a) Control.
b) Evaluación.
c) Participación.
d) Provisión.

22. Los empleados públicos tienen derecho a la libertad de expresión:

a) En los términos que establezca una ley.
b) En los términos que se establezcan reglamentariamente.
c) A través de sus representantes sindicales.
d) Dentro de los límites del ordenamiento jurídico.

23. Las Administraciones Públicas podrán destinar cantidades hasta el porcentaje de la masa salarial que se fije en las correspondientes Leyes de Presupuestos Generales del Estado a financiar aportaciones a planes de pensiones de empleo o contratos de seguro colectivos; estas cantidades tendrán a todos los efectos la consideración de:

a) Retribución básica.
b) Retribución complementaria.
c) Indemnización.
d) Retribución diferida.

24. Las retribuciones de los funcionarios en prácticas:

a) Se corresponderán a las del sueldo del Subgrupo o Grupo, en el supuesto de que este no tenga Subgrupo, en que aspiren a ingresar.
b) No podrán superar las del sueldo del Subgrupo o Grupo, en el supuesto de que este no tenga Subgrupo, en que aspiren a ingresar.

c) Se determinarán de acuerdo con la legislación laboral, el convenio colectivo que sea aplicable y el contrato de trabajo.

d) Como mínimo, se corresponderán a las del sueldo del Subgrupo o Grupo, en el supuesto de que este no tenga Subgrupo, en que aspiren a ingresar.

25. ¿Podrá percibirse participación en tributos o en cualquier otro ingreso de las Administraciones Públicas como contraprestación de cualquier servicio, participación o premio en multas impuestas?

a) No, en ningún caso.
b) Sí, en cualquier caso.
c) No, excepto cuando estuviesen normativamente atribuidas a los servicios.
d) Sí, excepto cuando estuviesen normativamente atribuidas a los servicios.

26. La renuncia voluntaria a la condición de funcionario:

a) Inhabilita para ingresar de nuevo en la Administración Pública.
b) No requiere aceptación expresa por la Administración.
c) Será aceptada expresamente cuando el funcionario esté sujeto a expediente disciplinario o haya sido dictado en su contra auto de procesamiento o de apertura de juicio oral por la comisión de algún delito.
d) Debe ser manifestada por escrito.

27. ¿Pueden los órganos de gobierno de las Administraciones Públicas conceder la rehabilitación de quien hubiera perdido la condición de funcionario por haber sido condenado a la pena principal o accesoria de inhabilitación?

a) No, en ningún caso.
b) Excepcionalmente, atendiendo a las circunstancias y entidad del delito cometido.
c) Solo cuando se trate de una inhabilitación provisional.
d) Sí, cuando la inhabilitación se tratara de una pena accesoria.

28. El funcionario que haya perdido su condición por cambio de nacionalidad, si recupera la nacionalidad:

a) Volverá automáticamente al puesto de trabajo que ocupaba.
b) No podrá volver a ejercer como funcionario.
c) Podrá solicitar la rehabilitación.
d) Podrá acceder a la función pública superando un nuevo proceso selectivo.

29. La pena principal o accesoria, a un funcionario público, de inhabilitación absoluta cuando hubiere adquirido firmeza la sentencia que la imponga, produce:

a) La suspensión de todas sus funciones publicas.
b) La pérdida de la condición de funcionario respecto a todos los empleos o cargos que tuviere.

c) La pérdida de la condición de funcionario respecto a todos los empleos o cargos que tuviere, excepto los cargos electivos.

d) La excedencia forzosa.

30. ¿Supone la superación de las pruebas selectivas, por sí misma, la adquisición de la condición de funcionario de carrera?

a) No.

b) Sí, si así lo prevé la propia convocatoria.

c) Sí, si la lista definitiva de aprobados ha sido publicada en el correspondiente Diario Oficial.

d) Sí, si se trata del sistema de oposición.

31. Según el artículo 97 del EBEP, las sanciones impuestas por faltas leves prescribirán:

a) A los 6 meses.

b) Al año.

c) A los 2 años.

d) A los 3 años.

32. Según el artículo 98 del EBEP, el procedimiento disciplinario que se establezca en el desarrollo del Estatuto se estructurará atendiendo a los principios de eficacia, celeridad y:

a) Transparencia.

b) Presunción de inocencia.

c) Legalidad.

d) Economía procesal.

Solución al test n.º 12

1. a) A los intereses generales.

2. c) El personal estatutario de los servicios de salud.

3. d) Para todo el personal de las Administraciones Públicas no incluido en su ámbito de aplicación.

4. c) Aquello que es común al conjunto de los funcionarios de todas las Administraciones Públicas, más las normas legales específicas aplicables al personal laboral a su servicio.

5. c) Supone la adquisición de la condición de personal eventual.

6. c) Su cese tendrá lugar, en todo caso, cuando se produzca el de la autoridad a la que se preste la función de confianza o asesoramiento.

7. b) Que impliquen la participación directa o indirecta en el ejercicio de las potestades públicas.

8. c) 4 años.

9. d) Retribuidas.

10. a) Permanente.

11. b) Está limitado por un máximo establecido por los respectivos órganos de gobierno.

12. d) Este personal solo realiza funciones expresamente calificadas como de confianza o asesoramiento especial.

13. c) Urgencia.

14. a) A la inamovilidad en la condición de funcionario de carrera.

15. d) Cinco días hábiles.

16. b) 15 días.

17. c) 22 días hábiles.

18. d) Guardarán secreto de las materias clasificadas.

19. d) Carrera profesional.

20. a) Dos años.

21. b) Evaluación.

22. d) Dentro de los límites del ordenamiento jurídico.

23. d) Retribución diferida.

24. d) Como mínimo, se corresponderán a las del sueldo del Subgrupo o Grupo, en el supuesto de que este no tenga Subgrupo, en que aspiren a ingresar.

25. a) No, en ningún caso.

26. d) Debe ser manifestada por escrito.

27. b) Excepcionalmente, atendiendo a las circunstancias y entidad del delito cometido.

28. c) Podrá solicitar la rehabilitación.

29. b) La pérdida de la condición de funcionario respecto a todos los empleos o cargos que tuviere.

30. a) No.

31. b) Al año.

32. d) Economía procesal.

TEST N.º 13

Procesador de texto Microsoft Word: principales funciones y utilidades. Creación y estructuración del documento. Gestión, grabación, recuperación e impresión de ficheros. Personalización del entorno de trabajo

1. ¿Cuál es la combinación de teclas en Word 365 que sirve para moverse una celda a la izquierda de la actual?

a) Alt + Tab.
b) Flecha izquierda.
c) Tab.
d) Mayús + Tab.

2. ¿Cuál de las siguientes afirmaciones es correcta en Word 365?

a) El botón Combinar celdas solo estará activo si hay más de una celda seleccionada en la tabla.
b) El botón Combinar celdas solo estará activo si hay una celda seleccionada en la tabla.
c) El botón Combinar celdas solo estará activo si hay menos de cinco celdas seleccionadas en la tabla.
d) El botón Combinar celdas solo estará activo si hay más de tres celdas seleccionada en la tabla.

3. ¿Cuál de los siguientes valores es un tipo correcto para usar en una columna de Word 365?

a) Párrafo.
b) Fecha/Hora.
c) Número.
d) Booleano.

4. ¿Cuántas opciones de cambio de dirección de texto tenemos en Word 365?

a) 2.
b) 4.

c) 5.
d) 3.

5. Si tenemos el siguiente texto "CARLOS,TOJEIRO,ALCALÁ,20,47 €,CALLE REAL 25,15002,A CORUÑA" y usamos la utilidad de convertir texto en tabla, con separador de ",", ¿cuántas columnas y filas nos ofrecerá por defecto?

a) 8 columnas y 1 fila.
b) 1 columna y 8 filas.
c) 7 columnas y 1 fila.
d) 1 columna y 7 filas.

6. La combinación de teclas que crea un salto de línea manual es:

a) Control + Enter
b) Mayúsculas + Enter
c) Alt + Enter
d) Control + Alt + Enter

7. ¿Cuál de las siguientes es un ajuste válido del texto con respecto a una tabla en Word 365?

a) Alrededor.
b) Estrecho.
c) En línea con el texto.
d) Cuadrado.

8. ¿Cuántos tipos de tabulaciones, y de rellenos en ellas, hay en Word 365?

a) 4 y 4.
b) 4 y 3.
c) 5 y 4.
d) 5 y 3.

9. ¿Cuál de las siguientes opciones se corresponde con los saltos de sección correctos en Word 365?

a) Página Continua, De Página par, Página impar.
b) Página Siguiente, Columna, Página par, Página impar.
c) Página Siguiente, Continua, Página par, Página impar.
d) Página Siguiente, Continua, Columna, Ajuste de texto.

10. Indica cuál no es una opción válida de los tipos de efectos de texto en Word 365?

a) Tachado.
b) Cursiva.

c) Relieve.

d) Sombra.

11. En Word 365 hay varios tipos de SmartArt, ¿cuál de los indicados a continuación no es uno de ellos?

a) Ciclo.

b) Círculo.

c) Matriz.

d) Pirámide.

12. En Word 365, cuando insertamos una tabla, ¿cuál de las siguientes opciones no es un valor del autoajuste correcta?

a) Ancho de columna fijo.

b) Autoajustar al contenido.

c) Ancho de columna automático.

d) Autoajustar a la ventana.

13. La carta modelo en un proceso de combinar correspondencia de Word:

a) Tendrá la tabla de datos para combinar.

b) No tendrá los campos de combinación.

c) Incluirá el texto que no varía.

d) Tendrá tantas hojas como datos se combinen.

14. El método más rápido para acceder a las opciones de la cinta de opciones de Word 365 es hacer un clic con el ratón sobre ellas; si queremos acceder a las distintas opciones de los paneles y menús a partir del teclado, podemos pulsar la tecla:

a) F1.

b) Shift.

c) Ctrl.

d) Alt.

15. La combinación de teclas para la alineación centrada es:

a) Ctrl + T

b) Ctrl + Q

c) Ctrl + J

d) Ctrl + Alt + C

Solución al test n.º 13

1. d) Mayús + Tab.

2. a) El botón Combinar celdas solo estará activo si hay más de una celda seleccionada en la tabla.

3. c) Número.

4. d) 3.

5. a) 8 columnas y 1 fila.

6. b) Mayúsculas + Enter

7. a) Alrededor.

8. c) 5 y 4.

9. c) Página Siguiente, Continua, Página par, Página impar.

10. b) Cursiva.

11. b) Círculo.

12. c) Ancho de columna automático.

13. c) Incluirá el texto que no varía.

14. d) Alt.

15. a) Ctrl + T

Hojas de cálculo Microsoft Excel. Principales funciones y utilidades. Libros, hojas y celdas. Configuración. Introducción y edición de datos. Fórmulas y funciones. Gestión de datos. Personalización del entorno de trabajo

1. Las funciones de Excel 365 son:

a) Fórmulas predefinidas.
b) Cálculos predefinidos.
c) Argumentos predefinidos.
d) Macros.

2. La función =SUMA(A1 ; A8 ; A10)

a) Suma todas las celdas desde la A1 a la A8 y además la A10.
b) Suma todas las celdas desde la A1 a la A10 menos la A8.
c) Suma todas las celdas desde la A1 a la A8 y el resultado lo coloca en la A10.
d) Suma las celdas A1, A8 y la A10.

3. La función =SUMA(A1 ; 3 ; A8)

a) Suma 3 veces la celda A1 y la A8.
b) Suma la celda A1 y 3 veces la celda A8.
c) No es una formula correcta.
d) Suma la celda A1, una constante de 3 y la celda A8.

4. La función RESIDUO:

a) Calcula el interés residual de un préstamo.
b) Devuelve el resto de una división.
c) Calcula la parte entera de una división.
d) No es una función correcta, sería RESTO.

5. Un gráfico en Excel 365 puede llegar a tener:

a) Eje X.
b) Eje X, Eje Y.
c) Eje X, Eje Y, Eje Z.
d) Eje X y Eje Z.

6. El eje de valores de un gráfico en columnas:

a) Puede ser el eje vertical.
b) Puede ser el eje horizontal.
c) Puede ser el eje vertical u horizontal.
d) Un gráfico de columnas no tiene eje de valores.

7. Si en los rótulos de la lista aparecen botones de lista desplegable es porque:

a) Se ha realizado una ordenación personalizada.
b) Se ha realizado un Filtrado.
c) Se ha realizado un Subtotal.
d) Se ha realizado un Filtro Avanzado.

8. Los datos de una lista de una hoja de cálculo se ordenan:

a) Alfabéticamente.
b) Personalizadamente.
c) Puede ser Alfabéticamente o Personalizadamente.
d) Por la fila de las celdas afectadas.

9. El área de trazado de un gráfico:

a) Es el área total ocupada por el gráfico.
b) Es el área que ocupa la representación de las series de datos.
c) Es el área que ocupan el título y la leyenda del gráfico.
d) Es el área que ocupa la leyenda y los rótulos de datos.

10. En un ejercicio de consolidación de diferentes hojas en varios libros, ¿cuál de los siguientes comentarios es verdadero?

a) El tamaño de los rangos usados tiene que ser el mismo.
b) No pueden usarse rangos de diferentes libros.
c) Ambas son verdaderas.
d) Ambas son falsas.

11. Las constantes de Excel 365 pueden ser valores:

a) Numéricos y de tipo texto.
b) Horas y Fechas.
c) Numéricos, de texto, horas y fechas.
d) Numéricos, de texto, horas y fechas y booleanos.

12. Si queremos eliminar un comentario que tiene una celda de Excel 365, ¿a qué ficha tenemos que acceder?

a) Revisar.
b) Comentarios.
c) Datos.
d) Programador.

13. Un encabezado en Excel 365 es la parte de la Hoja que está:

a) Entre el borde inferior y el margen superior.
b) Entre el borde inferior y el margen inferior.
c) Entre el borde superior y el margen superior.
d) Entre el borde superior y el margen inferior.

14. En el asistente para convertir texto en columnas, ¿cuál no es un separador válido?

a) Tabulación.
b) Coma.
c) Punto.
d) Punto y coma.

15. En notación científica de Excel 365 el valor "1 E 3" significa:

a) 1 por 10 elevado a 3.
b) 1 por 10 logaritmo de 3.
c) 1 por 10 logaritmo neperiano de 3.
d) Ninguna es correcta.

Solución al test n.º 14

1. a) Fórmulas predefinidas.

2. d) Suma las celdas A1, A8 y la A10.

3. d) Suma la celda A1, una constante de 3 y la celda A8.

4. b) Devuelve el resto de una división.

5. c) Eje X, Eje Y, Eje Z.

6. c) Puede ser el eje vertical u horizontal.

7. b) Se ha realizado un Filtrado.

8. c) Puede ser Alfabéticamente o Personalizadamente.

9. b) Es el área que ocupa la representación de las series de datos.

10. d) Ambas son falsas.

11. c) Numéricos, de texto, horas y fechas.

12. a) Revisar.

13. c) Entre el borde superior y el margen superior.

14. c) Punto.

15. a) 1 por 10 elevado a 3.

TEST N.º 15

Correo electrónico Outlook. Conceptos elementales y funcionamiento. El entorno de trabajo. Enviar, recibir, responder y reenviar mensajes. Creación de mensajes. Reglas de mensajes. Libreta de direcciones

1. La pestaña de ENVIAR y RECIBIR, solo aparece visible en el Outlook 365:

a) Cuando estamos redactando un correo nuevo.
b) Cuando estamos dentro de la opción de correo.
c) Cuando tenemos marcado un correo de la bandeja de salida.
d) Ninguna es correcta.

2. Los mensajes no leídos en el Outlook 365:

a) Aparecen en fondo azul.
b) Tienen una banderita de color rojo.
c) Aparece un sobre abierto en azul.
d) Ninguna es correcta.

3. Al usar la opción de RESPONDER a TODOS en el Outlook 365:

a) No podemos usar el CCO.
b) Solo podemos usar el PARA y el CCO.
c) Podemos usar PARA, CC y CCO.
d) Ninguna es correcta.

4. ¿Qué es un Hoax?

a) Un Bulo o Noticia falsa.
b) Suplantación de identidad.
c) Un virus.
d) Un error de configuración en el navegador.

5. En Outlook 365, ¿cuál es la nomenclatura correcta para el objeto usado para enviar un correo a varias personas?

a) Lista de usuarios.
b) Grupo de usuarios.
c) Grupo de contactos.
d) Lista de contactos.

6. Los clientes de correo POP:

a) Tienen que estar conectados todo el tiempo.
b) Los mensajes se descargan de golpe si están disponibles.
c) Los mensajes se descargan parcialmente aun sin estar disponibles.
d) Tienen que estar conectados a intervalos de 15'.

7. Sobre el correo electrónico indica cuál de las siguientes afirmaciones es falsa:

a) En el envío y recepción de un correo electrónico no es necesario que el emisor y receptor se encuentren conectados simultáneamente.
b) Entre otros, algunos de los protocolos que intervienen en la emisión y recepción son MIME, SMTP y POP3.
c) El uso de un cliente de correo tipo webmail requiere tener instalado el protocolo POP3 en el equipo local donde se utilice ese cliente web mail.
d) Existen herramientas que inspeccionan los correos electrónicos recibidos e intentan determinar si se trata de un correo basura o spam.

8. En Outlook 365 de forma predeterminada en la característica de correo, ¿en qué pestaña y grupo de comandos se encuentra el comando nuevo mensaje de correo electrónico?

a) Pestaña enviar y recibir y grupo enviar.
b) Pestaña inicio y grupo enviar y recibir.
c) Pestaña enviar y recibir y grupo nuevo.
d) Pestaña inicio y grupo nuevo.

9. En Outlook 365, sobre el envío respuesta y reenvío, ¿cuál de las siguientes afirmaciones es falsa?

a) Al responder a un mensaje se agrega el prefijo RE: a la línea del asunto.
b) Al responder a un mensaje los datos adjuntos al mensaje original se incluyen en la respuesta.
c) Al reenviar un mensaje se agrega el prefijo RV: a la línea de asunto.
d) Varios mensajes de correo electrónico se pueden reenviar como una colección en un solo mensaje.

10. En Outlook 365 de forma predeterminada en la característica de correo, ¿en qué pestaña y grupo de comandos se encuentra el comando Responder?

a) Pestaña Enviar y recibir y grupo Responder.
b) Pestaña Inicio y grupo Enviar y recibir.
c) Pestaña Enviar y recibir y Grupo Correo.
d) Pestaña Inicio y grupo Responder.

11. La parte de la izquierda de una dirección de correo electrónico en la versión Outlook 365 se denomina:

a) Dominio.
b) Organización.
c) Dominio de organización.
d) Nombre de Usuario.

12. Di cuál es una dirección de correo válida en el Outlook 365:

a) persona@proveedorcom
b)
c) persona.proveedor.com
d) cta@cts.es

Solución al test n.º 15

1. b) Cuando estamos dentro de la opción de correo.

2. d) Ninguna es correcta.

3. c) Podemos usar PARA, CC y CCO.

4. a) Un Bulo o Noticia falsa.

5. c) Grupo de contactos.

6. b) Los mensajes se descargan de golpe si están disponibles.

7. c) El uso de un cliente de correo tipo webmail requiere tener instalado el protocolo POP3 en el equipo local donde se utilice ese cliente web mail.

8. d) Pestaña inicio y grupo nuevo.

9. b) Al responder a un mensaje los datos adjuntos al mensaje original se incluyen en la respuesta.

10. d) Pestaña Inicio y grupo Responder.

11. d) Nombre de Usuario.

12. d) cta@cts.es

TEST N.º 16

La Ley 19/2013, de 9 de diciembre, de transparencia, acceso a la información pública y buen gobierno. Transparencia en la actividad pública: ámbito y publicidad activa. Derecho de acceso a la información pública. Régimen general. Ejercicio del derecho de acceso

1. La cualidad que permite y facilita el acceso de los ciudadanos a la información pública en poder de la Administración dentro de los límites establecidos por la legislación vigente, se conoce como:

a) Accesibilidad.
b) Transparencia.
c) Objetividad.
d) Buen gobierno.

2. En el Capítulo I del Título I: "Transparencia de la actividad pública" de la Ley 19/2013, concretamente en el art. 3, se señala que serán objeto de aplicación de las disposiciones las entidades privadas:

a) En cuyo capital social la participación, directa o indirecta, sea superior al 50 %.
b) Que perciban durante el período de un año ayudas o subvenciones públicas en una cuantía superior a 100.000 euros o cuando al menos el 40 % del total de sus ingresos anuales tengan carácter de ayuda o subvención pública, siempre que alcancen como mínimo la cantidad de 5.000 euros.
c) Con personalidad jurídica propia, vinculadas a cualquiera de las Administraciones Públicas o dependientes de ellas.
d) Que tengan atribuidas funciones de regulación o supervisión de carácter externo sobre un determinado sector o actividad.

3. En el ámbito de la Administración General del Estado, ¿a quién corresponde la evaluación del cumplimiento de los planes y programas anuales y plurianuales que las Administraciones Públicas deben publicar?

a) Al Ministerio de Hacienda y Función Pública.
b) Al Tribunal de Cuentas.

c) Al Instituto Nacional para las Administraciones Públicas (INAP).
d) A las Inspecciones Generales de Servicios.

4. El Portal de la Transparencia contendrá información publicada de acuerdo con las prescripciones técnicas que se establezcan reglamentariamente que deberán adecuarse a los siguientes principios. Señala la respuesta incorrecta:

a) Accesibilidad.
b) Interoperabilidad.
c) Control.
d) Reutilización.

5. ¿Qué título de la Ley 19/2013 regula todo lo relativo a la "Transparencia de la actividad pública"?

a) Título I.
b) Título II.
c) Título III.
d) Título IV.

6. ¿Qué plazo máximo otorgó la Ley 19/2013, de 9 de diciembre, de transparencia, acceso a la información pública y buen gobierno a los órganos de las Comunidades Autónomas y de las Entidades Locales para adaptarse a las obligaciones contenidas en dicha ley?

a) 1 año.
b) 2 años.
c) 3 años.
d) 5 años.

7. El cumplimiento de las obligaciones de publicidad activa derivadas de la Ley 19/2013, de 9 de diciembre, de transparencia, acceso a la información pública y buen gobierno, podrá realizarse utilizando los medios electrónicos puestos a su disposición por la Administración Pública de la que provenga la mayor parte de las ayudas o subvenciones públicas percibidas cuando se trate de entidades sin ánimo de lucro que persigan exclusivamente fines de interés social o cultural y cuyo presupuesto sea inferior a:

a) 50.000 euros.
b) 100.000 euros.
c) 200.000 euros.
d) 250.000 euros.

8. Según lo previsto en el artículo 18 de la Ley 19/2013, de 9 de diciembre, de transparencia, acceso a la información pública y buen gobierno, se inadmitirán a trámite, mediante resolución motivada, las solicitudes de acceso a la información:

a) Relativas a los Intereses económicos y turísticos.
b) Relativas a la garantía de la confidencialidad o el secreto requerido en procesos de toma de decisión.

c) Relativas a información para cuya divulgación sea necesaria una acción previa de reelaboración.

d) Relativas a infraestructuras críticas.

9. ¿Qué organismo público se crea por la Ley 19/2013, de 9 de diciembre, de transparencia, acceso a la información pública y buen gobierno con la finalidad de promover la transparencia de la actividad pública, velar por el cumplimiento de las obligaciones de publicidad, salvaguardar el ejercicio de derecho de acceso a la información pública y garantizar la observancia de las disposiciones de buen gobierno?

a) El Instituto Nacional de Ética y Gobernanza.
b) La Comisión Ministerial de Lucha contra la Corrupción.
c) La Inspección de Servicios Administrativos.
d) El Consejo de Transparencia y Buen Gobierno.

10. El acceso a la información pública requiere:

a) Solicitud previa.
b) Acreditación de la condición de interesado.
c) Motivación expresa.
d) La utilización de medios telemáticos.

11. Cuando la información pública solicitada no contuviera datos especialmente protegidos, el órgano al que se dirija la solicitud concederá el acceso previa .... suficientemente razonada del interés público en la divulgación de la información y los derechos de los afectados cuyos datos aparezcan en la información solicitada, en particular su derecho fundamental a la protección de datos de carácter personal. Señala la palabra que falta:

a) Catalogación.
b) Acreditación.
c) Ponderación.
d) Identificación.

12. El incumplimiento reiterado de la obligación de resolver en plazo procedimientos de acceso a la información pública:

a) Tendrá la consideración de infracción grave.
b) Tendrá la consideración de infracción muy grave.
c) Tendrá la consideración de infracción leve.
d) No tendrá la consideración de infracción.

13. Frente a toda resolución expresa o presunta en materia de acceso podrá interponerse una reclamación ante el Consejo de Transparencia y Buen Gobierno, previo a su impugnación en vía contencioso-administrativa, con carácter:

a) Preceptivo.
b) Potestativo.

c) Colectivo.
d) Extraordinario.

14. Frente a toda resolución expresa o presunta en materia de acceso a la información pública podrá interponerse, con carácter potestativo y previo a su impugnación en vía contencioso-administrativa, una reclamación ante:

a) La Inspección de Servicios del Departamento correspondiente.
b) La Inspección de Servicios del Ministerio de Hacienda y Función Pública.
c) El Consejo de Transparencia y Buen Gobierno.
d) El Instituto para la Evaluación de las Políticas Públicas.

15. Según el artículo 7 de la Ley 19/2013, de 9 de diciembre, de transparencia, acceso a la información pública y buen gobierno, relativo a la información de relevancia jurídica:

a) Las Administraciones Públicas, en el ámbito de sus competencias, publicarán los proyectos de Reglamento cuya iniciativa les corresponda.
b) Las Administraciones Públicas, en el ámbito de sus competencias, no publicarán los proyectos de Reglamento cuya iniciativa les corresponda.
c) Las Administraciones Públicas, en el ámbito de sus competencias, no podrán publicar los anteproyectos de ley hasta su aprobación.
d) Las Administraciones Públicas no podrán publicar los proyectos de decretos legislativos cuando se soliciten los dictámenes a los órganos consultivos.

16. La Ley 19/2013 destaca tres ejes fundamentales de toda acción política. Señala cuál de los siguientes no es correcto:

a) La transparencia.
b) El acceso a la información pública.
c) Las normas de buen gobierno.
d) Las incompatibilidades.

17. El Título I de la Ley 19/2013 regula e incrementa la transparencia de la actividad de todos los sujetos que prestan servicios públicos o ejercen potestades administrativas mediante un conjunto de previsiones que se recogen en dos capítulos diferenciados y desde una doble perspectiva: el derecho de acceso a la información pública y:

a) Los conflictos de intereses.
b) La publicidad activa.
c) La austeridad.
d) Los principios de actuación.

18. El artículo 26 de la ley 19/2013 desglosa los principios de buen gobierno a los que someterán su actuación los miembros del Gobierno y los altos cargos. Entre los principios generales que señala figura:

a) No se implicarán en situaciones, actividades o intereses incompatibles con sus funciones y se abstendrán de intervenir en los asuntos en que concurra alguna causa que pueda afectar a su objetividad.

b) Guardarán la debida reserva respecto a los hechos o informaciones conocidos con motivo u ocasión del ejercicio de sus competencias.

c) Mantendrán una conducta digna y tratarán a los ciudadanos con esmerada corrección.

d) No aceptarán para sí regalos que superen los usos habituales, sociales o de cortesía, ni favores o servicios en condiciones ventajosas que puedan condicionar el desarrollo de sus funciones.

19. Según la Ley 19/2013, de 9 de diciembre, de Transparencia, Acceso a la Información Pública y Buen Gobierno, el derecho de acceso podrá ser limitado cuando acceder a la información suponga un perjuicio para:

a) La seguridad pública.
b) La igualdad de las partes en los procesos judiciales y la tutela judicial efectiva.
c) La política económica y monetaria.
d) Todo lo anterior.

20. La motivación de una solicitud de acceso a la información, según la Ley 19/2013:

a) Es requisito ineludible para que se facilite la información.
b) Será causa de rechazo de la solicitud.
c) Las dos respuestas anteriores son ciertas.
d) Se deja a la decisión del solicitante.

21. La transparencia de la actividad pública, respecto a la casa de su Majestad el Rey:

a) No se aplica.
b) Se aplica en todas sus actividades.
c) Se aplica en sus actividades sujetas al Derecho Administrativo.
d) Se aplica solo en sus actividades de índole política.

22. Para que se aplique la Ley 19/2013 a sociedades mercantiles, la participación en las mismas de entidades de Derecho Público debe ser superior al:

a) 10 %.
b) 20 %.
c) 50 %.
d) No se aplica en caso alguno dicha ley a este tipo de sociedades.

23. ¿Qué define el artículo 13 de la Ley 19/2013 como, los contenidos o documentos, cualquiera que sea su formato o soporte, que obren en poder de alguno de los sujetos incluidos en el ámbito de aplicación de este título (título I) y que hayan sido elaborados o adquiridos en el ejercicio de sus funciones?

a) La información pública.
b) La publicidad activa.
c) La información de relevancia jurídica.
d) La información general.

24. Corresponde recibir y dar tramitación a las solicitudes de acceso a la información, en el ámbito de la Administración General del Estado:

a) A la Oficina para la ejecución de la reforma de la Administración.
b) A las Unidades de Información y Transparencia.
c) A la Dirección de Tecnologías de la Información y las Comunicaciones.
d) A las Inspecciones de Servicios.

25. ¿Cuál de los siguientes contenidos de la Ley 19/2013 entró primeramente en vigor?

a) El Título I (Transparencia de la actividad pública).
b) El Título II (Buen Gobierno).
c) El Título III (Consejo de Transparencia y Buen Gobierno)
d) El Título Preliminar (Objeto de la ley).

26. Según el artículo 5 de la Ley 19/2013, de 9 de diciembre, de transparencia, acceso a la información pública y buen gobierno, toda la información será comprensible, de acceso fácil y gratuito y estará a disposición de las personas con discapacidad en una modalidad suministrada por medios o en formatos adecuados de manera que resulten accesibles y comprensibles, conforme al principio de:

a) Igualdad de oportunidades.
b) No discriminación.
c) Eficacia.
d) Accesibilidad universal y diseño para todos.

27. Señala la respuesta incorrecta. Según el artículo 6 de la Ley 19/2013, de 9 de diciembre, de transparencia, acceso a la información pública y buen gobierno, los sujetos comprendidos en el ámbito de aplicación de su título I deben publicar información relativa a:

a) Las funciones que desarrollan.
b) La normativa que les sea de aplicación.
c) El personal adscrito.
d) Su estructura organizativa.

28. El incumplimiento reiterado de las obligaciones de publicidad activa reguladas en el Capítulo II del Título I de la Ley 19/2013, de 9 de diciembre, de transparencia, acceso a la información pública y buen gobierno, tendrá la consideración, a los efectos de aplicación a sus responsables del régimen disciplinario previsto en la correspondiente normativa reguladora, de infracción:

a) Grave.
b) Leve.
c) Muy grave.
d) No constituye infracción administrativa.

29. Frente a toda resolución expresa o presunta en materia de acceso podrá interponerse una reclamación ante el Consejo de Transparencia y Buen Gobierno, con carácter potestativo y previo a su impugnación en vía contencioso-administrativa. El plazo máximo para resolver y notificar la resolución será de:

a) 15 días.
b) 1 mes.
c) 3 meses.
d) 6 meses.

30. En virtud del artículo 11 de la Ley 19/2013, de 9 de diciembre, de transparencia, acceso a la información pública y buen gobierno, el Portal de la Transparencia proporcionará información estructurada sobre los documentos y recursos de información con vistas a facilitar la identificación y búsqueda de la información, en base al principio de:

a) Interoperabilidad.
b) Accesibilidad.
c) Reutilización.
d) Disponibilidad.

31. Señala la respuesta incorrecta. El derecho de acceso a la información pública podrá ser limitado cuando acceder a la información suponga un perjuicio para:

a) Los intereses económicos y comerciales.
b) La garantía de la confidencialidad o el secreto requerido en procesos de toma de decisión.
c) El honor de los funcionarios o cargos directivos.
d) La protección del medio ambiente.

32. Los documentos que contengan datos personales de carácter policial, procesal, clínico o de cualquier otra índole que puedan afectar a la seguridad de las personas, a su honor, a la intimidad de su vida privada y familiar y a su propia imagen, no podrán ser públicamente consultados sin que medie consentimiento expreso de los afectados o hasta que haya transcurrido un plazo desde su muerte, si su fecha es conocida, de:

a) 25 años.
b) 30 años.
c) 40 años.
d) 50 años.

33. Señala la respuesta incorrecta. La solicitud de acceso a la información pública podrá presentarse por cualquier medio que permita tener constancia de:

a) La identidad del solicitante.
b) La información que se solicita.
c) Una dirección de contacto, preferentemente electrónica, a efectos de comunicaciones.
d) La motivación de la solicitud.

34. No es una causa de inadmisión de las solicitudes de acceso a la información pública:

a) Que se refieran a información que esté en curso de elaboración o de publicación general.
b) Que se dirijan a un órgano en cuyo poder no obre la información.
c) Que sean manifiestamente repetitivas.
d) Que se refieran a información para cuya divulgación sea necesaria una acción previa de reelaboración.

Solución al test n.º 16

1. b) Transparencia.

2. b) Que perciban durante el período de un año ayudas o subvenciones públicas en una cuantía superior a 100.000 euros o cuando al menos el 40 % del total de sus ingresos anuales tengan carácter de ayuda o subvención pública, siempre que alcancen como mínimo la cantidad de 5.000 euros.

3. d) A las Inspecciones Generales de Servicios.

4. c) Control.

5. a) Título I.

6. b) 2 años.

7. a) 50.000 euros.

8. c) Relativas a información para cuya divulgación sea necesaria una acción previa de reelaboración.

9. d) El Consejo de Transparencia y Buen Gobierno.

10. a) Solicitud previa.

11. c) Ponderación.

12. a) Tendrá la consideración de infracción grave.

13. b) Potestativo.

14. c) El Consejo de Transparencia y Buen Gobierno.

15. a) Las Administraciones Públicas, en el ámbito de sus competencias, publicarán los proyectos de Reglamento cuya iniciativa les corresponda.

16. d) Las incompatibilidades.

17. b) La publicidad activa.

18. c) Mantendrán una conducta digna y tratarán a los ciudadanos con esmerada corrección.

19. d) Todo lo anterior.

20. d) Se deja a la decisión del solicitante.

21. c) Se aplica en sus actividades sujetas al Derecho Administrativo.

22. c) 50 %.

23. a) La información pública.

24. b) A las Unidades de Información y Transparencia.

25. b) El Título II (Buen Gobierno).

26. d) Accesibilidad universal y diseño para todos.

27. c) El personal adscrito.

28. a) Grave.

29. c) 3 meses.

30. b) Accesibilidad.

31. c) El honor de los funcionarios o cargos directivos.

32. a) 25 años.

33. d) La motivación de la solicitud.

34. b) Que se dirijan a un órgano en cuyo poder no obre la información.

TEST N.º 17

La protección de datos de carácter personal: principios. Derechos de las personas

1. El artículo 18.1 de la Constitución Española garantiza el derecho al honor, a la intimidad personal y familiar y a:

a) La protección de datos de carácter personal.
b) La confidencialidad.
c) La propia imagen.
d) El secreto profesional.

2. Según el artículo 18.3 de la Constitución Española, se garantiza el secreto de las comunicaciones y, en especial, de las postales, telegráficas y telefónicas:

a) Siempre.
b) Salvo resolución judicial.
c) Excepto en los casos que establezcan las leyes.
d) Salvo consentimiento del interesado.

3. El RGPD señala al determinar cuál es su objeto, que la libre circulación de los datos personales en la Unión:

a) Podrá ser restringida y prohibida por motivos relacionados con la protección de las personas físicas en lo que respecta al tratamiento de datos personales.
b) Podrá ser restringida, pero no prohibida, por motivos relacionados con la protección de las personas físicas en lo que respecta al tratamiento de datos personales.
c) No podrá ser restringida ni prohibida por motivos relacionados con la protección de las personas físicas en lo que respecta al tratamiento de datos personales.
d) No podrá ser restringida, pero sí prohibida, por motivos relacionados con la protección de las personas físicas en lo que respecta al tratamiento de datos personales.

4. El Reglamento General de Protección de Datos se aplica:

a) Únicamente al tratamiento automatizado de datos personales.

b) Únicamente al tratamiento no automatizado de datos personales contenidos o destinados a ser incluidos en un fichero.

c) Únicamente al tratamiento total o parcialmente automatizado de datos personales.

d) Al tratamiento total o parcialmente automatizado de datos personales, así como al tratamiento no automatizado de datos personales contenidos o destinados a ser incluidos en un fichero.

5. El Reglamento General de Protección de Datos se aplica:

a) Al tratamiento de datos personales que no tenga lugar en la Unión Europea en el contexto de las actividades de un establecimiento del responsable o del encargado en la Unión Europea.

b) Al tratamiento de datos personales en el ejercicio de una actividad no comprendida en el ámbito de aplicación del Derecho de la Unión.

c) Al tratamiento de datos personales efectuado por una persona física en el ejercicio de actividades exclusivamente personales o domésticas.

d) Al tratamiento de datos personales por parte de las autoridades competentes con fines de prevención, investigación, detección o enjuiciamiento de infracciones penales, o de ejecución de sanciones penales, incluida la de protección frente a amenazas a la seguridad pública y su prevención.

6. Los datos personales obtenidos a partir de un tratamiento técnico específico, relativos a las características físicas, fisiológicas o conductuales de una persona física que permitan o confirmen la identificación única de dicha persona, como imágenes faciales o datos dactiloscópicos, se denominan:

a) Datos corporales.

b) Datos naturales.

c) Datos genéticos.

d) Datos biométricos.

7. ¿En virtud de qué principio previsto por el Reglamento General de Protección de Datos, los datos personales serán adecuados, pertinentes y limitados a lo necesario en relación con los fines para los que son tratados?

a) Principio de exactitud.

b) Principio de limitación de la finalidad.

c) Principio de responsabilidad proactiva.

d) Principio de minimización de datos.

8. En relación con el consentimiento, el Reglamento General de Protección de Datos dispone que:

a) El consentimiento puede deducirse del silencio o de la inacción de los ciudadanos.

b) Se permite el llamado consentimiento tácito.

c) No es admisible el consentimiento del interesado dado en el contexto de una declaración escrita que también se refiera a otros asuntos.

d) Quienes recopilen datos personales deben ser capaces de demostrar que el afectado les otorgó su consentimiento.

9. Como la consecuencia del derecho que tienen los ciudadanos a solicitar, y obtener de los responsables, que los datos personales sean suprimidos cuando, entre otros casos, estos ya no sean necesarios para la finalidad con la que fueron recogidos, cuando se haya retirado el consentimiento o cuando estos se hayan recogido de forma ilícita, el Reglamento General de Protección de Datos propugna el derecho:

a) Al olvido.
b) De oposición.
c) De rectificación.
d) Al borrado.

10. Según el Reglamento General de Protección de Datos, cuando los datos personales no se hayan obtenido del interesado, el responsable del tratamiento le facilitará, entre otras informaciones, los fines del tratamiento a que se destinan los datos personales, así como la base jurídica del tratamiento. El responsable del tratamiento facilitará la información dentro de un plazo razonable, una vez obtenidos los datos personales, y a más tardar dentro de:

a) 10 días hábiles.
b) 20 días.
c) 1 mes.
d) 3 meses.

11. Según el artículo 5 del Reglamento (UE) 2016/679, de 27 de abril, relativo a la protección de las personas físicas en lo que respecta al tratamiento de datos personales y a la libre circulación de estos datos, los datos personales serán tratados, en relación con el interesado, de manera lícita, leal y:

a) Fiable.
b) Segura.
c) Confidencial.
d) Transparente.

12. Conforme al artículo 3 de la LO 3/2018, las personas vinculadas al fallecido por razones familiares o de hecho así como sus herederos:

a) No podrán dirigirse al responsable o encargado del tratamiento para solicitar el acceso a los datos personales de aquella, si no es por vía judicial.

b) Solo podrán dirigirse al encargado del tratamiento, siempre que sea con objeto de rectificar datos manifiestamente falsos.

c) Podrán dirigirse al responsable o encargado del tratamiento siempre que sea con objeto de solicitar la supresión de los datos personales de aquella sin posibilidad de acceder a ellos.

d) Podrán dirigirse al responsable o encargado del tratamiento al objeto de solicitar el acceso a los datos personales de aquella y, en su caso, su rectificación o supresión.

13. Cuando los plazos se señalen por días en el RGPD o en la LO 3/2018, se entiende que estos:

a) Son naturales.

b) Son hábiles, de lunes a sábado, excluyéndose del cómputo los domingos y los declarados festivos.

c) Son naturales, excluyéndose del cómputo los declarados festivos.

d) Son hábiles, excluyéndose del cómputo los sábados, los domingos y los declarados festivos.

14. En relación con el consentimiento del interesado al tratamiento de datos de carácter personal, es cierto que:

a) En ningún caso se puede obligar a nadie a facilitar sus datos.

b) El consentimiento ha de ser previo a la información sobre el tratamiento.

c) Si se puede consentir libremente, del mismo modo, se puede retirar el consentimiento.

d) La solicitud del consentimiento deberá ir referida a todos los tratamientos que se puedan dar en un plazo determinado.

15. Conforme al RGPD, el interesado tendrá derecho a obtener del responsable del tratamiento la limitación del tratamiento de los datos cuando el responsable ya no necesite los datos personales para los fines del tratamiento, pero el interesado los necesite para:

a) La formulación, el ejercicio o la defensa de reclamaciones.

b) Verificar la exactitud de los mismos.

c) Incorporarlos a sus archivos personales.

d) Proceder él mismo a su destrucción.

16. El derecho a la portabilidad de los datos:

a) Se podrá aplicar a los tratamientos que sean necesarios para el cumplimiento de una misión realizada en interés público o en el ejercicio de poderes públicos conferidos al responsable del tratamiento.

b) A diferencia de otros derechos, podrá afectar negativamente a los derechos y libertades de otros.

c) Supone la obligación de que, en todo caso, los datos personales se transmitan directamente de responsable a responsable.

d) Requiere que el tratamiento se efectúe por medios automatizados.

17. En virtud del derecho de acceso al que se refiere el artículo 15 del Reglamento (UE) 2016/679, del Parlamento Europeo y del Consejo, de 27 de abril, relativo a la protección de las personas físicas en lo que respecta al tratamiento de datos personales y a la libre circulación de estos datos y por el que se deroga la Directiva 95/46/CE:

a) El interesado tendrá derecho a conocer si sus datos de carácter personal están siendo tratados, qué datos son objeto de dicho tratamiento, la finalidad del mismo, el origen de los citados datos y si se han comunicado o se van a comunicar a un tercero.

b) El interesado, previo pago de un canon, tendrá derecho a obtener información sobre sus datos de carácter personal sometidos a tratamiento.

c) El interesado tiene derecho a conocer el nombre y apellidos de las personas que han accedido a sus datos.

d) El interesado tendrá derecho a obtener información de sus datos de carácter personal sometidos a tratamiento, pero no de las comunicaciones que se prevean hacer de ellos.

18. Conforme al RGPD, ¿puede facilitarse la información al interesado de forma verbal?

a) No, en ningún caso.

b) Sí, siempre que lo solicite el interesado.

c) Sí, en cualquier caso siempre que se demuestre la identidad del interesado por otros medios.

d) Sí, cuando lo solicite el interesado y se pueda demostrar su identidad por otros medios.

19. Conforme al RGPD, la información al interesado sobre la base de una solicitud será facilitada por el responsable del tratamiento en el plazo de un mes a partir de la recepción de la solicitud. Teniendo en cuenta la complejidad y el número de solicitudes, dicho plazo será prorrogado:

a) 15 días más.

b) Un mes más.

c) Otros dos meses.

d) Otros tres meses.

20. Señala la respuesta incorrecta. El artículo 15 del RGPD dispone que el interesado tendrá derecho a obtener del responsable del tratamiento confirmación de si se están tratando o no datos personales que le conciernen y, en tal caso, derecho de acceso a los datos personales y a información sobre la existencia de decisiones automatizadas, incluida la elaboración de perfiles, y, al menos en tales casos, información significativa sobre:

a) Los demás interesados afectados por las decisiones.

b) La lógica aplicada.

c) La importancia del tratamiento.

d) Las consecuencias para el interesado previstas de dicho tratamiento.

21. Conforme al artículo 16 del RGPD, teniendo en cuenta los fines del trata-miento, el interesado tendrá derecho a que se completen los datos personales que sean incompletos, inclusive mediante:

a) Levantamiento de acta.
b) Certificación de modificación.
c) Una declaración adicional.
d) Elaboración de anexos.

22. Según el artículo 17 del RGPC, el interesado tendrá derecho a obtener sin dilación indebida del responsable del tratamiento la supresión de los datos perso-nales que le conciernan, el cual estará obligado a suprimir sin dilación indebida los datos personales cuando concurra alguna de las circunstancias siguientes:

a) Los datos personales siguen siendo necesarios en relación con los fines para los que fueron recogidos y tratados del mismo modo.
b) El interesado retire el consentimiento en que se basa el tratamiento, y este se basa en otro fundamento jurídico.
c) El interesado se opone al tratamiento de datos personales que tiene por objeto la mercadotecnia directa.
d) Los datos personales no han sido obtenidos en relación con la oferta de servicios de la sociedad de la información.

23. Conforme al artículo 17 del RGPD, el derecho de supresión no se podrá aplicar cuando:

a) Los datos personales ya no sean necesarios en relación con los fines para los que fueron recogidos o tratados de otro modo.
b) Los datos personales se hayan obtenido en relación con la oferta de servicios de la sociedad de la información.
c) Los datos personales hayan sido tratados ilícitamente.
d) Los datos personales sean necesarios para ejercer el derecho a la libertad de expre-sión e información.

24. Conforme al artículo 17 del RGPD, el derecho de supresión no se podrá aplicar cuando:

a) El interesado retire el consentimiento en que se basa el tratamiento, y este no se base en otro fundamento jurídico.
b) El tratamiento sea necesario para la formulación, el ejercicio o la defensa de reclamaciones.
c) El interesado se oponga al tratamiento y no prevalezcan otros motivos legítimos para el tratamiento
d) El interesado se oponga al tratamiento cuando el tratamiento de datos personales tenga por objeto la mercadotecnia directa.

25. Conforme al artículo 18 del RGPD, el interesado tendrá derecho a obtener del responsable del tratamiento la limitación del tratamiento de los datos:

a) Cuando los datos personales ya no sean necesarios en relación con los fines para los que fueron recogidos o tratados de otro modo.

b) Para que el interesado pueda ejercer el derecho a la libertad de expresión e información.

c) Cuando el interesado impugne la exactitud de los datos personales, durante un plazo que permita al responsable verificar la exactitud de los mismos.

d) Por razones de interés público en el ámbito de la salud pública.

26. En relación con el derecho de portabilidad, es cierto que:

a) El ejercicio de este derecho impide el ejercicio del derecho de supresión.

b) Al ejercer su derecho a la portabilidad de los datos, el interesado tendrá que transmitir los datos directamente al nuevo responsable de los mismos.

c) Se aplicará al tratamiento que sea necesario para el cumplimiento de una misión realizada en interés público o en el ejercicio de poderes públicos conferidos al responsable del tratamiento.

d) No podrá afectar negativamente a los derechos y libertades de otros.

27. En referencia con el derecho de oposición, el artículo 21 del RGPD señala que:

a) Cuando el tratamiento de datos personales tenga por objeto la mercadotecnia directa, el interesado tendrá derecho a oponerse en todo momento al tratamiento de los datos personales que le conciernan.

b) A más tardar en el momento de la segunda comunicación con el interesado, el derecho de oposición será mencionado explícitamente al interesado y será presentado claramente y al margen de cualquier otra información.

c) Aun cuando el tratamiento de datos personales tenga por objeto la mercadotecnia directa, el interesado no podrá oponerse a la elaboración de perfiles relacionada con la citada mercadotecnia.

d) Los motivos legítimos para el tratamiento por parte del responsable del tratamiento no pueden prevalecer sobre los intereses, derechos y libertades del interesado.

28. Señala la respuesta incorrecta. Conforme al artículo 22 del RGPD, en caso de que las decisiones individuales automatizadas sean necesarias para la ejecución de un contrato entre el interesado y un responsable del tratamiento, este deberá adoptar las medidas adecuadas para salvaguardar los derechos y libertades y los intereses legítimos del interesado, como mínimo el derecho:

a) A ser indemnizado.

b) A obtener intervención humana por parte del responsable.

c) A expresar su punto de vista.

d) A impugnar la decisión.

29. El RGPD considera "destinatario":

a) A la persona física o jurídica, autoridad pública, servicio u otro organismo al que se comuniquen datos personales, siempre que se trate de un tercero.

b) A la persona física o jurídica, autoridad pública, servicio u otro organismo al que se comuniquen datos personales, se trate o no de un tercero.

c) A la autoridad pública que pueda recibir datos personales en el marco de una investigación concreta de conformidad con el Derecho de la Unión o de los Estados miembros.

d) A la persona física o jurídica, autoridad pública, servicio u organismo distinto del interesado, del responsable del tratamiento, del encargado del tratamiento y de las personas autorizadas para tratar los datos personales bajo la autoridad directa del responsable o del encargado.

30. El RGPD denomina a la autoridad pública independiente establecida por un Estado miembro:

a) Agencia Nacional de Protección de Datos.

b) Representante.

c) Autoridad de control.

d) Autoridad de referencia.

31. Las Administraciones Públicas incorporarán a los temarios de las pruebas de acceso a los cuerpos superiores y a aquellos en que habitualmente se desempeñen funciones que impliquen el acceso a datos personales materias relacionadas con la garantía de los derechos digitales y en particular:

a) El de protección de datos.

b) El de libertad de expresión.

c) El de protección de los menores.

d) El de seguridad de las comunicaciones.

32. Conforme al artículo 3 de la LO 3/2018, las personas vinculadas al fallecido por razones familiares o de hecho así como sus herederos:

a) No podrán dirigirse al responsable o encargado del tratamiento para solicitar el acceso a los datos personales de aquella, si no es por vía judicial.

b) Solo podrán dirigirse al encargado del tratamiento, siempre que sea con objeto de rectificar datos manifiestamente falsos.

c) Podrán dirigirse al responsable o encargado del tratamiento siempre que sea con objeto de solicitar la supresión de los datos personales de aquella sin posibilidad de acceder a ellos.

d) Podrán dirigirse al responsable o encargado del tratamiento al objeto de solicitar el acceso a los datos personales de aquella y, en su caso, su rectificación o supresión.

33. En relación con la inspección en materia de protección de datos, es cierto que:

a) Los funcionarios que desarrollen actividades de investigación tendrán la consideración de agentes de la autoridad en el ejercicio de sus funciones, y estarán obligados a guardar secreto sobre las informaciones que conozcan con ocasión de dicho ejercicio, incluso después de haber cesado en él.

b) La actividad de investigación de la Agencia Española de Protección de Datos se llevará a cabo necesariamente por los funcionarios de la Agencia.

c) En los casos de actuaciones conjuntas de investigación conforme a lo dispuesto en el artículo 62 del Reglamento (UE) 2016/679, el personal de las autoridades de control de otros Estados Miembros de Unión Europea que colabore con la Agencia ejercerá sus facultades con arreglo a lo previsto en su normativa propia, sin injerencia alguna por parte del personal de esta.

d) En ningún caso los poderes de investigación podrán suponer la entrada en domicilios particulares.

Solución al test n.º 17

1. c) La propia imagen.

2. b) Salvo resolución judicial.

3. c) No podrá ser restringida ni prohibida por motivos relacionados con la protección de las personas físicas en lo que respecta al tratamiento de datos personales.

4. d) Al tratamiento total o parcialmente automatizado de datos personales, así como al tratamiento no automatizado de datos personales contenidos o destinados a ser incluidos en un fichero.

5. a) Al tratamiento de datos personales que no tenga lugar en la Unión Europea en el contexto de las actividades de un establecimiento del responsable o del encargado en la Unión Europea.

6. d) Datos biométricos.

7. d) Principio de minimización de datos.

8. d) Quienes recopilen datos personales deben ser capaces de demostrar que el afectado les otorgó su consentimiento.

9. a) Al olvido.

10. c) 1 mes.

11. d) Transparente.

12. d) Podrán dirigirse al responsable o encargado del tratamiento al objeto de solicitar el acceso a los datos personales de aquella y, en su caso, su rectificación o supresión.

13. d) Son hábiles, excluyéndose del cómputo los sábados, los domingos y los declarados festivos.

14. c) Si se puede consentir libremente, del mismo modo, se puede retirar el consentimiento.

15. a) La formulación, el ejercicio o la defensa de reclamaciones.

16. d) Requiere que el tratamiento se efectúe por medios automatizados.

17. a) El interesado tendrá derecho a conocer si sus datos de carácter personal están siendo tratados, qué datos son objeto de dicho tratamiento, la finalidad del mismo, el origen de los citados datos y si se han comunicado o se van a comunicar a un tercero.

18. d) Sí, cuando lo solicite el interesado y se pueda demostrar su identidad por otros medios.

19. c) Otros dos meses.

20. a) Los demás interesados afectados por las decisiones.

21. c) Una declaración adicional.

22. c) El interesado se opone al tratamiento de datos personales que tiene por objeto la mercadotecnia directa.

23. d) Los datos personales sean necesarios para ejercer el derecho a la libertad de expresión e información.

24. b) El tratamiento sea necesario para la formulación, el ejercicio o la defensa de reclamaciones.

25. c) Cuando el interesado impugne la exactitud de los datos personales, durante un plazo que permita al responsable verificar la exactitud de los mismos.

26. d) No podrá afectar negativamente a los derechos y libertades de otros.

27. a) Cuando el tratamiento de datos personales tenga por objeto la mercadotecnia directa, el interesado tendrá derecho a oponerse en todo momento al tratamiento de los datos personales que le conciernan.

28. a) A ser indemnizado.

29. b) A la persona física o jurídica, autoridad pública, servicio u otro organismo al que se comuniquen datos personales, se trate o no de un tercero.

30. c) Autoridad de control.

31. a) El de protección de datos.

32. d) Podrán dirigirse al responsable o encargado del tratamiento al objeto de solicitar el acceso a los datos personales de aquella y, en su caso, su rectificación o supresión

33. a) Los funcionarios que desarrollen actividades de investigación tendrán la consideración de agentes de la autoridad en el ejercicio de sus funciones, y estarán obligados a guardar secreto sobre las informaciones que conozcan con ocasión de dicho ejercicio, incluso después de haber cesado en él.

TEST N.º 18

La Ley Orgánica 3/2007, de 22 de marzo, para la igualdad efectiva de mujeres y hombres: objeto y ámbito de la Ley. El principio de igualdad en el empleo público

1. Según su artículo 1, la LO 3/2007 tiene por objeto hacer efectivo el derecho de:

a) Conciliación de la vida laboral y familiar de mujeres y hombres.
b) Igualdad de trato y de oportunidades entre mujeres y hombres.
c) Participación en los asuntos públicos en igualdad de condiciones.
d) No discriminación por razón de sexo.

2. Las obligaciones establecidas en la LO 3/2007 son de aplicación a:

a) A toda persona, física o jurídica, que se encuentre o actúe en territorio español, cualquiera que fuese su nacionalidad, domicilio o residencia.
b) A todos los ciudadanos españoles, ya sea en territorio español o territorio de cualquier país extranjero.
c) A toda persona, física o jurídica, que se encuentre o actúe en territorio español, con nacionalidad española.
d) A toda persona, física o jurídica, que resida en territorio español, cualquiera que fuese su nacionalidad.

3. Según el artículo 4 de la LO 3/2007, la igualdad de trato y de oportunidades entre mujeres y hombres:

a) Es un deber de las Administraciones Públicas.
b) Es una fuente formal del Derecho.
c) Es un principio informador del ordenamiento jurídico.
d) Es un objetivo fundamental del procedimiento administrativo.

4. La situación en que se encuentra una persona que sea, haya sido o pudiera ser tratada, en atención a su sexo, de manera menos favorable que otra en situación comparable, se considera:

a) Discriminación directa.
b) Acoso sexual.
c) Discriminación indirecta.
d) Violencia de género.

5. A los efectos de la LO 3/2007, definimos como acoso sexual:

a) Cualquier comportamiento realizado en función del sexo de una persona, con el propósito o el efecto de atentar contra su dignidad y de crear un entorno intimidatorio, degradante u ofensivo.
b) La situación en que una disposición, criterio o práctica aparentemente neutros pone a personas de un sexo en desventaja particular con respecto a personas del otro, salvo que dicha disposición, criterio o práctica puedan justificarse objetivamente en atención a una finalidad legítima y que los medios para alcanzar dicha finalidad sean necesarios y adecuados.
c) Todo trato desfavorable a las mujeres relacionado con el embarazo o la maternidad.
d) Cualquier comportamiento, verbal o físico, de naturaleza sexual que tenga el propósito o produzca el efecto de atentar contra la dignidad de una persona, en particular cuando se crea un entorno intimidatorio, degradante u ofensivo.

6. Cualquier comportamiento realizado en función del sexo de una persona, con el propósito o el efecto de atentar contra su dignidad y de crear un entorno intimidatorio, degradante u ofensivo, constituye:

a) Discriminación directa.
b) Acoso sexual.
c) Acoso por razón de sexo.
d) Discriminación indirecta.

7. Para prevenir la realización de conductas discriminatorias en los actos y las cláusulas de los negocios jurídicos, el artículo 10 de la LO 3/2007 prevé la existencia de un sistema de sanciones eficaz y:

a) Proporcionado.
b) Comprensible.
c) Cuantificable.
d) Disuasorio.

8. Según el artículo 10 de la LO 3/2007, los actos y las cláusulas de los negocios jurídicos que constituyan o causen discriminación por razón de sexo se considerarán:

a) Válidos, pero anulables.
b) Nulos y sin efecto.

c) Ilegales.
d) Nulos, pero con efectos.

9. Con el fin de hacer efectivo el derecho constitucional de la igualdad, los Poderes Públicos adoptarán medidas específicas en favor de las mujeres para corregir situaciones patentes de desigualdad de hecho respecto de los hombres. Tales medidas, que serán aplicables en tanto subsistan dichas situaciones, habrán de ser en relación con el objetivo perseguido en cada caso razonables y:

a) Justificadas.
b) Autorizadas judicialmente.
c) Transparentes.
d) Proporcionadas.

10. La capacidad y la legitimación para intervenir en los procesos civiles, sociales y contencioso-administrativos que versen sobre la defensa del derecho de igualdad entre mujeres y hombres, corresponden a:

a) La persona acosada, únicamente.
b) Cualquier ciudadano.
c) Las personas físicas y jurídicas con interés legítimo.
d) Cualquier persona jurídica.

11. Según el artículo 17 de la LO 3/2007, el Gobierno, en las materias que sean de la competencia del Estado, aprobará un Plan Estratégico de Igualdad de Oportunidades:

a) Anualmente.
b) Bianualmente.
c) Cada cuatro años.
d) Periódicamente.

12. El artículo 18 de la LO 3/2007, exige al Gobierno la elaboración de un informe periódico sobre el conjunto de sus actuaciones en relación con la efectividad del principio de igualdad entre mujeres y hombres. Los términos en que se elaborarán estos informes se determinarán:

a) Por ley orgánica.
b) Por ley.
c) Reglamentariamente.
d) En una ley de bases.

13. El Gobierno dará cuenta del informe sobre el conjunto de sus actuaciones en relación con la efectividad del principio de igualdad entre mujeres y hombres:

a) Al Congreso de los Diputados.
b) A las Cortes Generales.

c) A las asociaciones y organizaciones de mujeres.

d) Al Defensor del Pueblo.

14. Los proyectos de disposiciones de carácter general y los planes de especial relevancia económica, social, cultural y artística que se sometan a la aprobación del Consejo de Ministros deberán incorporar:

a) Un Plan Estratégico de Igualdad de Oportunidades.

b) Una estadística o encuesta que posibilite el conocimiento de las diferencias en los valores, roles, situaciones y condiciones, de mujeres y hombres en el ámbito de acción del proyecto o plan.

c) Un informe periódico sobre el conjunto de sus actuaciones en relación con la efectividad del principio de igualdad entre mujeres y hombres.

d) Un informe sobre su impacto por razón de género.

15. El artículo 20 de la LO 3/2007, establece una serie de medidas obligatorias a las que se someterán los estudios y estadísticas que elaboren los poderes públicos. Cuál de las siguientes es una de dichas medidas:

a) Excluir sistemáticamente la variable de sexo en las estadísticas, encuestas y recogida de datos que lleven a cabo.

b) Realizar muestras lo suficientemente amplias para evitar que las diversas variables incluidas puedan ser explotadas y analizadas en función de la variable de sexo.

c) Explotar los datos de que disponen de modo que se puedan conocer las diferentes situaciones, condiciones, aspiraciones y necesidades de mujeres y hombres en los diferentes ámbitos de intervención.

d) Establecer e incluir en las operaciones estadísticas nuevos indicadores que posibiliten un mejor conocimiento de las similitudes en los valores, roles, situaciones, condiciones, aspiraciones y necesidades de mujeres y hombres.

16. Conforme al artículo 21 de la LO 3/2007, la Administración General del Estado y las Administraciones de las Comunidades Autónomas cooperarán para integrar el derecho de igualdad entre mujeres y hombres en el ejercicio de sus respectivas competencias y, en especial, en sus actuaciones de:

a) Supervisión.

b) Planificación.

c) Regulación.

d) Dirección.

17. Conforme al artículo 22 de la LO 3/2007, las corporaciones locales, con el fin de avanzar hacia un reparto equitativo de los tiempos entre mujeres y hombres, podrán establecer:

a) Planes Municipales de Empleo con perspectiva de género.

b) Ordenanzas de regulación del tiempo.

c) Ordenanzas o Edictos de representación equilibrada en los tiempos de la ciudad.
d) Planes Municipales de organización del tiempo de la ciudad.

18. El capítulo III del título V de la LO 3/2007, establece una serie de medidas que han de aplicarse obligatoriamente en la Administración General del Estado y en los organismos públicos vinculados o dependientes de ella, para favorecer la igualdad en el empleo público. Entre ellas figura:

a) Siempre que se apruebe la celebración de convocatorias de pruebas selectivas para el acceso al empleo público, sin excepción, se incluirá un informe de impacto de género.
b) En las bases de los concursos para la provisión de puestos de trabajo se computará, a los efectos de valoración del trabajo desarrollado y de los correspondientes méritos, el tiempo que las personas candidatas hayan permanecido en excedencia, reducción de jornada o permisos relacionados con la maternidad.
c) Cuando el período de vacaciones coincida con una incapacidad temporal derivada del embarazo, parto o lactancia natural, o con el permiso de maternidad, o con su ampliación por lactancia, la empleada pública tendrá derecho a disfrutar las vacaciones en fecha distinta, siempre que no haya terminado el año natural al que correspondan.
d) Preferencia por tiempo indefinido, en la adjudicación de plazas para participar en los cursos de formación a quienes se hayan incorporado al servicio activo procedentes del permiso de maternidad o paternidad, o hayan reingresado desde la situación de excedencia por razones de guarda legal y atención a personas mayores dependientes o personas con discapacidad.

19. La aprobación de convocatorias de pruebas selectivas para el acceso al empleo público en la Administración General del Estado o en los organismos públicos vinculados o dependientes de ella, deberá:

a) Asegurar la adjudicación de plazas ofertadas por el principio de presencia equilibrada de mujeres y hombres.
b) Reservar al menos un 40% de las plazas para cada sexo.
c) Acompañarse de un informe de impacto de género, salvo en casos de urgencia.
d) Separar las plazas que se hayan de cubrir por hombres de las que se hayan de cubrir por mujeres.

20. Con el objeto de actualizar los conocimientos de los empleados y empleadas públicas, aquellos que se hayan incorporado al servicio activo procedentes del permiso de maternidad o paternidad, o hayan reingresado desde la situación de excedencia por razones de guarda legal y atención a personas mayores dependientes o personas con discapacidad tendrán preferencia en la adjudicación de plazas para participar en los cursos de formación durante:

a) 6 meses.
b) 1 año.
c) 18 meses.
d) 2 años.

21. Conforme al artículo 59 de la LO 3/2007:

a) Cuando el periodo de vacaciones coincida con una incapacidad temporal derivada del embarazo, parto o lactancia natural, o con el permiso de maternidad, o con su ampliación por lactancia, la empleada pública deberá unir ambos períodos sumando los días de vacaciones que le correspondan.

b) Cuando el periodo de vacaciones coincida con una incapacidad temporal derivada del embarazo, parto o lactancia natural, o con el permiso de maternidad, o con su ampliación por lactancia, la empleada pública tendrá derecho a disfrutar las vacaciones en fecha distinta, antes de que termine el año natural al que correspondan.

c) Cuando el periodo de vacaciones coincida con una incapacidad temporal derivada del embarazo, parto o lactancia natural, o con el permiso de maternidad, o con su ampliación por lactancia, la empleada pública tendrá derecho a optar por estos permisos o por las vacaciones.

d) Cuando el periodo de vacaciones coincida con una incapacidad temporal derivada del embarazo, parto o lactancia natural, o con el permiso de maternidad, o con su ampliación por lactancia, la empleada pública tendrá derecho a disfrutar las vacaciones en fecha distinta, aunque haya terminado el año natural al que correspondan.

22. Según el artículo 60.2 de la LO 3/2007, con el fin de facilitar la promoción profesional de las empleadas públicas y su acceso a puestos directivos en la Administración General del Estado y en los organismos públicos vinculados o dependientes de ella, en las convocatorias de los correspondientes cursos de formación se reservará para su adjudicación a aquéllas que reúnan los requisitos establecidos, al menos:

a) Un 40% de las plazas.
b) Un 50% de las plazas.
c) Un 60% de las plazas.
d) Un 75% de las plazas.

Solución al test n.º 18

1. b) Igualdad de trato y de oportunidades entre mujeres y hombres.

2. a) A toda persona, física o jurídica, que se encuentre o actúe en territorio español, cualquiera que fuese su nacionalidad, domicilio o residencia.

3. c) Es un principio informador del ordenamiento jurídico.

4. a) Discriminación directa.

5. d) Cualquier comportamiento, verbal o físico, de naturaleza sexual que tenga el propósito o produzca el efecto de atentar contra la dignidad de una persona, en particular cuando se crea un entorno intimidatorio, degradante u ofensivo.

6. c) Acoso por razón de sexo.

7. d) Disuasorio.

8. b) Nulos y sin efecto.

9. d) Proporcionadas.

10. c) Las personas físicas y jurídicas con interés legítimo.

11. d) Periódicamente.

12. c) Reglamentariamente.

13. b) A las Cortes Generales.

14. d) Un informe sobre su impacto por razón de género.

15. c) Explotar los datos de que disponen de modo que se puedan conocer las diferentes situaciones, condiciones, aspiraciones y necesidades de mujeres y hombres en los diferentes ámbitos de intervención.

16. b) Planificación.

17. d) Planes Municipales de organización del tiempo de la ciudad.

18. b) En las bases de los concursos para la provisión de puestos de trabajo se computará, a los efectos de valoración del trabajo desarrollado y de los correspondientes méritos, el tiempo que las personas candidatas hayan permanecido en excedencia, reducción de jornada o permisos relacionados con la maternidad.

19. c) Acompañarse de un informe de impacto de género, salvo en casos de urgencia.

20. b) 1 año.

21. d) Cuando el periodo de vacaciones coincida con una incapacidad temporal derivada del embarazo, parto o lactancia natural, o con el permiso de maternidad, o con su ampliación por lactancia, la empleada pública tendrá derecho a disfrutar las vacaciones en fecha distinta, aunque haya terminado el año natural al que correspondan.

22. a) Un 40% de las plazas.

Real Decreto 488/1997, de 14 de abril, sobre disposiciones mínimas de Seguridad y Salud relativas al trabajo en equipos que incluyen pantallas de visualización. Anexo. Equipo y entorno

1. El Real Decreto 488/1997 establece:

a) Las normas de contratación pública en la Administración.
b) Las disposiciones mínimas de seguridad y salud relativas al trabajo con equipos que incluyen pantallas de visualización.
c) Las condiciones laborales del personal administrativo.
d) La normativa sobre teletrabajo en la Administración pública.

2. Según el Real Decreto 488/1997, se entiende por pantalla de visualización:

a) Cualquier pantalla utilizada para ocio.
b) Una pantalla alfanumérica o gráfica, independientemente del método de representación visual utilizado.
c) Únicamente los monitores de ordenador de sobremesa.
d) Solo las pantallas táctiles.

3. En relación con la pantalla del equipo de trabajo:

a) Debe ser fija y no permitir ajustes.
b) Debe ser orientable e inclinable para adaptarse a las necesidades del usuario.
c) Debe estar integrada obligatoriamente en la mesa.
d) Debe tener brillo máximo permanente.

4. Respecto al teclado del equipo informático:

a) Debe estar fijado a la pantalla.
b) Debe ser inclinable e independiente de la pantalla.
c) Debe estar integrado en la mesa.
d) Debe ser obligatorio que tenga iluminación.

5. La superficie del teclado debe ser:

a) Brillante para facilitar la limpieza.
b) Rugosa para mejorar la escritura.
c) Mate para evitar los reflejos.
d) Metálica para mejorar la resistencia.

6. La mesa o superficie de trabajo debe:

a) Ser reflectante para mejorar la iluminación.
b) Tener dimensiones suficientes y ser poco reflectante.
c) Ser fija y no permitir cambios de disposición.
d) Tener únicamente espacio para el ordenador.

7. El asiento de trabajo debe:

a) Ser fijo para evitar movimientos.
b) Ser estable y permitir libertad de movimiento al usuario.
c) Tener una altura estándar no regulable.
d) Estar unido a la mesa de trabajo.

8. En relación con la iluminación del puesto de trabajo:

a) Debe evitarse cualquier iluminación artificial.
b) Debe garantizar niveles adecuados de iluminación y luminancia.
c) Debe ser siempre uniforme sin tener en cuenta el tipo de pantalla.
d) Debe situarse exclusivamente detrás del trabajador.

9. Según la guía técnica citada en el tema, los principales riesgos asociados al uso de pantallas de visualización son:

a) Trastornos musculares, fatiga visual y fatiga mental.
b) Estrés laboral, ruido y calor.
c) Fatiga física, accidentes y estrés térmico.
d) Lesiones auditivas y respiratorias.

10. Se considera trabajador usuario de pantallas de visualización a quien:

a) Trabaja más de 1 hora diaria con ordenador.
b) Supera las 4 horas diarias o 20 horas semanales de trabajo efectivo con dichos equipos.
c) Utiliza el ordenador ocasionalmente.
d) Utiliza cualquier dispositivo electrónico.

11. Las disposiciones mínimas de seguridad y salud relativas al trabajo con equipos que incluyen pantallas de visualización, han sido establecidas por:

a) El Real Decreto 773/1997, de 30 de mayo.
b) El Real Decreto 1215/1997, de 18 de julio.
c) El Real Decreto 488/1997, de 14 de abril.
d) El Real Decreto 485/1997, de 14 de abril.

12. La pantalla de visualización de datos se define, a efectos del Real Decreto 488/1997, de 14 de abril, sobre disposiciones mínimas de seguridad y salud relativas al trabajo con equipos que incluyen pantallas de visualización, como:

a) Los puestos de conducción de vehículos o máquinas.
b) Una pantalla alfanumérica o gráfica, independientemente del método de representación visual utilizado.
c) Las pantallas electrónicas de información y consulta en centros públicos, aeropuertos y estaciones de ferrocarril.
d) Las máquinas de escribir de diseño clásico, conocidas como "máquinas de ventanilla".

13. En relación con la pantalla del ordenador, indique la respuesta incorrecta:

a Los caracteres deben estar bien definidos.
b) Los caracteres deben tener una dimensión adecuada.
c) La polaridad negativa es más beneficiosa que la positiva por las condiciones de luminosidad.
d) La imagen debe ser estable, sin destellos, centelleos o cualquier otra forma de inestabilidad.

Solución al test n.º 19

1. b) Las disposiciones mínimas de seguridad y salud relativas al trabajo con equipos que incluyen pantallas de visualización.

2. b) Una pantalla alfanumérica o gráfica, independientemente del método de representación visual utilizado.

3. b) Debe ser orientable e inclinable para adaptarse a las necesidades del usuario.

4. b) Debe ser inclinable e independiente de la pantalla.

5. c) Mate para evitar los reflejos.

6. b) Tener dimensiones suficientes y ser poco reflectante.

7. b) Ser estable y permitir libertad de movimiento al usuario.

8. b) Debe garantizar niveles adecuados de iluminación y luminancia.

9. a) Trastornos musculoesqueléticos, fatiga visual y fatiga mental.

10. b) Supera las 4 horas diarias o 20 horas semanales de trabajo efectivo con dichos equipos.

11. c) El Real Decreto 488/1997, de 14 de abril.

12. b) Una pantalla alfanumérica o gráfica, independientemente del método de representación visual utilizado.

13. c) La polaridad negativa es más beneficiosa que la positiva por las condiciones de luminosidad.

Cómo acceder al Curso

Auxiliar Administrativo/a
Test del temario

El uso de los códigos **es exclusivo de los compradores de los productos de Editorial MAD**. Cada producto posee un código único y de un solo uso. Es personal e intransferible y da acceso a servicios y contenidos adicionales. Editorial MAD se reserva el derecho de hacer cuantas comprobaciones sean necesarias para identificar al legítimo poseedor del código y dejar de dar servicio a quien haga uso fraudulento del mismo, además de emprender cuantas acciones legales estime oportunas según la legislación vigente.

Deberás acceder a:

mad.es/registro-campus

Si una vez aceptadas las condiciones de uso del Campus decides hacer uso del mismo, necesitarás del siguiente código de acceso junto con los códigos del resto de títulos que se exigen (si fuera el caso):

PIYKL5DTWF